じっぴコンパクト文庫

逆境を越えてゆく者へ

爪先立ちで明日を考える

新渡戸稲造

実業之日本社

全力で努力する者は、
遅かれ早かれ逆境から浮かびあがる。

昭和８年（1933年）、小石川の自宅で女子経済専門学校附属高等女学校の卒業生と。後列中央が新渡戸。前列左より二人目、セーラー服の女性が孫の加藤武子氏

青年が学校にいる期間は
最も大切な時で、
習い性はこの時代の修練による
と言ってもよい。

昭和６年（1931年）、成美高等女学校（同年４月に女子経済専門学校附属高等女学校となった）を訪れ、校門前で子どもたちに笑顔で接する

最も必要なことは、
常に志を忘れないよう心にかけて
記憶することである。

大正８年（1919年）、欧米視察に旅立つにあたり、東京女子大学の学生・教職員により見送られる。最前列中央・正装の男性が新渡戸

牛の歩みのように
遅くてもいいから、
一歩一歩と進み続ければ
やがて必ず千里の遠きに
到達することができる。
ゲーテにも、
「Ohne Hast, ohne Rast
（急がず、休まず）」という言葉がある。

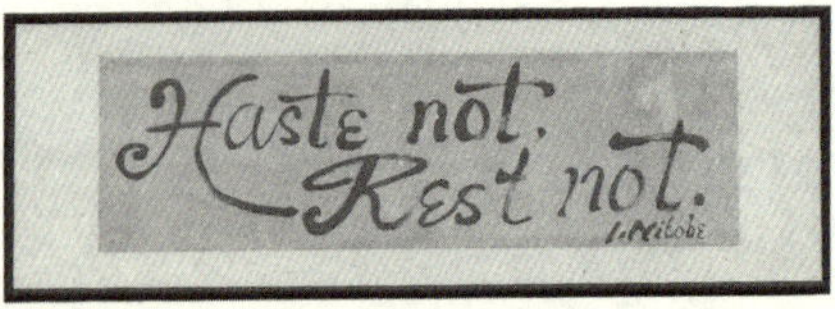

ゲーテの言葉を英語にしての揮毫。「Haste not, Rest not.（急がず、休まず）」。新渡戸が愛弟子・森本厚吉におくったもの

何かまとまったものを書こうとしても
八、九分ぐらい書くと厭《いや》になり、
いっそ中止しようかとさえ思う。
厭になって中止してしまえば、
それまでにしたことも無駄になる。
そこを辛抱して続けさえすれば、
必ず目的は達せられるのだ。

『修養』
（明治44年［1911年］刊行）
『自警』
（大正5年［1916年］刊行）
いずれも当時のベストセラー
となった

新渡戸の原稿が掲載された雑誌
「実業之日本」

一人の利益は万人の利益、
一人の苦しみは万人の苦しみ、
一人の喜びは万人の喜びと考えれば、
世界は美しい調和に達する。

国際連盟時代

普通の人間が不満とすることも、
着眼点を変えれば、
愉快の種とすることができる。

昭和5年（1930年）、メリー夫人とともに女子経済専門学校に隣接する文化アパートメントの前にて

発刊に寄せて

東京女子大学学長　眞田雅子

二〇一一年三月十一日は、私たち日本に住む人間にとって忘れることのできない日となりました。多くの方が命を落とされ、ご遺体が見つからぬままの方々も多数おられます。さらに原発事故を通じて混乱は深まるばかりとなりました。

様々な報道を通じて起こったことの一端を知るだけでも、言葉を失うほかありません。お父さんとしっかり手をつないで走って逃げていると、ついていけなくなったお父さんから先に行けと言われ、手を離して走り続け振り向いた時にはお父さんはすっかり波に飲み込まれていたという方。お母さんの車いすのハンドルを力一杯握って、他の車いすの方とともに職員の指示を待ち、ブレーキを外し走りだそうとした瞬間、押し寄せてきた津波に車いすから引き離され、自分だけ奇跡的に助かったという方……。深い悲しみに沈む体験をされた方々に、心からのお見舞いを申し上げて、できることがもし何かあるならさせていただきたいと思いめぐらしているところへ、実業之日本社からお声がかかりました。

私ども東京女子大学の初代学長でいらっしゃる新渡戸稲造先生は、「われ太平洋の橋とならん」という言葉でも知られているように、豊かな国際性を有した教育者であり、農学者、法学者でもありました。そんな新渡戸先生が、一九〇八年から一九一二年まで雑誌『実業之日本』の編集顧問をしておられ、顧問を辞されたのちもずっと、働く青少年の精神修養と人格鍛錬への力添えとして、分かりやすい言葉で深い内容を、ご自分の体験を例に挙げながらいろいろと記事にしていらっしゃったこと、その連載を纏《まと》めて本になった『修養』（一九一一年刊行）と『自警』（一九一六年刊行）を、現代人にも読みやすい形にして、精選し、この大惨事を、さらに様々な苦難を乗り越えて生き抜こうとしておられる方々に『逆境を越えてゆく者へ』と題して改めて出版しようという計画が持ち上がり、その「発刊に寄せて」の文を私が書いてはどうかというのです。

今、新渡戸先生の言葉が蘇り、先生が意図された通り、苦しみのうちに前を向いて進んでゆこうとしておられる方々に勇気を与えることとなる、そのお手伝いになれるなら幸せなことと思いお引き受けいたしました。

私どもの大学では、国際連盟の事務局次長となられた新渡戸先生が一九二二年、ジュネーブから大学の第一回卒業式に寄せられた祝辞がよく引用されます。少し長くなりますが、以下に一部引用させていただきます。

「此《こ》の学校は御承知の通り我邦《わがくに》に於ける一つの新しい試みであります。従来我邦の教育は兎角《とかく》形式に流れ易く、知識の詰込に力を注ぎ、人間とし、又一個の女性としての教育を軽んじ、個性の発達を重んぜず、婦人を社会而《しか》も狭苦しき社会の一小機関と見做《みな》す傾向があるに対して、本校に於いては基督《キリスト》教の精神に基づいて個性を重んじ、世の所謂《いわゆる》最小者（いとちいさきもの）をも神の子と見做して、知識より見識、学問よりも人格を尊び、人材よりは人物の養成を主としたのであります。」

ここに書かれた、東京女子大学の「我邦に於ける一つの新しい試み」、すなわち「知識より見識、学問よりも人格を尊び、人材よりは人物の養成を主とした」は、残念ながら、未だに知識を詰め込み、よき人材となることを目指す教育が横行する日本で、その新しさを失っておりません。本学には「のんびりとした温かき心地が全校に満ちている。」とジュネーブで新渡戸先生は固く信じておられたのでした。そして、その新渡戸先生の思いは、やがて創立一〇〇周年を迎えようとする東京女子大学のキャンパスで、現実のものとなって訪れる人々を迎えています。

私には、以前、直接新渡戸先生に教えを受けた方のお話を伺う機会がありました。もうその方は帰天《きてん》されましたが、新渡戸先生についての御本も著しておられ、直接お話しできたことが大変ありがたいことでした。

お名前は松隈トシといわれます。この方が東京女子大学に入学されたのは、父上の影響でした。当時、お父様が台湾に農場を持っておられたところへ、新渡戸先生が、総督府の役人としておいでになったそうです。そして、いきなり上着を脱いで、鍬《くわ》を持って耕し始めたので皆が感激し、父上も立派な方だと思ったということです。この逸話は、新渡戸先生が、たとえ高い地位におられても、周囲の人々を差別するどころか、共にあることを行いで示される方であるということを教えてくださっています。

こうした行為こそ、まさに「キリストの心を心とする」ということと思います。この「キリストの心を心とする」思想は、東京女子大学の教育の中心となるものと考えますが、本書第一章第四節「逆境の善用で精神を鍛える」で、新渡戸先生は、

「今日、キリスト教が何億という人々の心に慰めを与えるのは、キリストという人が常に逆境にいて、人生の辛酸をつぶさになめたからであろう。」

と書いておられます。そして、

「僕はアメリカにいたころ、国からの送金が途絶え、半年近く生活に困ったことがあった。同窓生の中には金を使い放題の者もいたが、僕は小さなものは自分で洗濯し、三度の食事も一度にして後の二食はパンと水だけで過ごした。この経験があるので、苦学生を見ると、金銭的に助けることができなくても、せめて励ましの言葉をかけてやりたくなるのである。」

と、ご自分の経験を披露されています。

私は青森や東京にあるハンセン病療養所で何人かの方々と親しくしておりました。日本のハンセン病患者に対する差別の歴史が、どれほど酷《ひど》いものであったかご存知の方もおいでかと思いますが、私がお付き合いさせていただいた方達は、まさに「逆境の善用で精神を鍛え」ておられた方だったと思います。病状の軽い方は、毎日精一杯おいしいものを作り、病棟におられる友達をお見舞いしておられました。

本書の中には、具体的な助言が、様々に展開されます。その一つをここでご紹介し、私たちの前進を阻《はば》むものの克服の仕方をご紹介したいと思います。

「第三章　決心を継続していくということ」と題された中に「『ここだな』という観念」

という部分があります。

「日常の事柄については善悪の判断に迷うことは極めて少ないはずである。（中略）人の役に立つ、恵みを与えるは善である。これくらいのことは誰でもいつでも判断がつく。判断がついたら、善い考え善い行いは実行に移す。そして実行に移す時、『ここだな』と力を入れて行う。また、怠惰に流れそうになったら、自分が日ごろ戒めているのは『ここだな』と反省する。どんな些細なことでもよい。自分が志を立てたことに接したら『ここだな』と思いさえすれば、志は継続され目的を達することができるはずだ。」

先ほどご紹介したハンセン病療養所の方は、まさに志を立て、「ここだな」と実行されていたが故《ゆえ》に、友のために働くことが継続され、その方にとっては毎朝の習いとして、まるでお身体《からだ》の一部となった例ではないかと思います。

忙しさにかまけて、或《あ》るいは逆境に押しつぶされて、私たちは志を持つことさえ忘れてしまう日常を過ごしていることが多いのかもしれません。そういう私たちに、新渡戸先生は語りかけられます。

「僕は一番大切なことは誰にでもできるということだと思うが、徳を積むことがそれなのだ。」

「物質的利益を超越し、名誉、地位、得失に淡々とすることができれば、世間で行われている勝敗は、子どもの遊びにすぎなくなる。本当の勝利者は自分に勝つもので、（中略）この点を心に留めるなら、（中略）心はいつも安らかに淡々としていてどんなにか幸せかしれない。」

このように、本書は、苦しみのうちに前を向いて進んでゆこうとする、すべての人への力強きメッセージであり、具体的助言です。

新渡戸稲造の年譜

1862年（文久2年）8月8日、盛岡藩鷹匠小路（現・岩手県盛岡市下ノ橋町）の、当時奥御勘定奉行であった新渡戸十次郎、母勢喜（せき）の三男として生まれる。幼名稲之助。

1867年（慶応3年）5歳のとき、父十次郎死去。

主な出来事

1862年（文久2年）
8月 イギリス外交官・アーネスト＝サトー、来日
生麦事件。島津久光の家臣、武蔵生麦でイギリス人を斬る

1863年（文久3年）
1月 長崎にグラバー邸完成
7月 薩英戦争。イギリス軍艦、鹿児島に砲撃し薩摩藩、応戦

1864年（元治元年）
3月 天狗党の乱。藤田小四郎ら、筑波山で挙兵
6月 五稜郭完成
7月 禁門の変。長州藩、御所を攻撃し敗れる
8月 第一次長州征伐
アメリカで奴隷解放宣言発布

1865年（慶応元年）
3月 五代友厚ら、イギリス留学に出航
4月 第二次長州征伐

1866年（慶応二年）
7月 将軍・徳川家茂、大阪城で没
12月 孝明天皇、崩御

1867年（慶応三年）
1月 明治天皇、践祚
2月 パリで万国博覧会開催。幕府、佐賀藩、薩摩藩が出品
6月 坂本竜馬、船中八策を示す
10月 徳川慶喜、朝廷に大政奉還を奏請
11月 坂本竜馬、中岡慎太郎、暗殺される
12月 王政復古の大号令

1871年（明治4年）9歳のとき、兄道郎とともに上京。叔父太田時敏の養子となり、太田稲造と改名。

1873年（明治6年）13歳で東京外国語学校英語科（のちの東京英語学校）に入学。

1875年（明治8年）東京英語学校に入学。

1877年（明治10年）札幌農学校に第二期生として入学。W・S・クラーク博士の教えを受けた一期生の影響でキリスト教に入信。

内村鑑三、宮部金吾と共に札幌農学校時代

1868年（慶応四年）
1月　鳥羽伏見の戦い。鳥羽、伏見で旧幕府軍と新政府軍が交戦。旧幕府軍が敗退
3月　明治天皇、五箇条の御誓文を発する
4月　江戸城、無血開城
7月　江戸を東京と改称

1868年（明治元年）
9月　明治に改元

1869年（明治2年）
5月　五稜郭陥落。榎本武揚ら降伏

1871年（明治4年）
7月　廃藩置県を行う
11月　岩倉使節団派遣

1872年（明治5年）
9月　新橋横浜間に鉄道が開業
10月　官営・富岡製糸場が開業

1874年明治七年（明治7年）
2月　佐賀の乱。佐賀で不平士族が挙兵
5月　台湾出兵。陸軍中将・西郷従道ら、台湾に上陸

1875年（明治8年）
6月　医学者・ベルツ、東京医学校教授に就任
8月　クラーク、札幌農学校教頭に就任

1877年（明治10年）
2月　西南戦争勃発

1878年（明治11年）
5月　大久保利通、東京紀尾井坂で暗殺される

1879年（明治12年）
仏人ボアソナード、日本民法起草に着手

1880年（明治13年）18歳のとき、母勢喜死去。

1881年（明治14年）札幌農学校を卒業。

1882年（明治15年）農商務省御用掛となる。11月、札幌農学校予科教授。

1883年（明治16年）東京大学選科生となる。面接試験のとき「太平洋の架け橋となりたい」と答える。

1884年（明治17年）東大を中退。渡米してアメリカのジョンズ・ホプキンス大学に入学。

1886年（明治19年）クエーカー派、モリス茶会でメリーと出逢う。

1887年（明治20年）ドイツのボン大学で農政、農業経済学を勉強する。

1888年（明治21年）ドイツ、ベルリン大学に転校。

1889年（明治22年）ドイツ、ハレ大学に転校。長兄七郎死去、新渡戸姓に復帰。ジョンズ・ホプキンス大学よりバチュラー・オブ・アーツ（名誉文学士号）授与。

1891年（明治24年）米国人メリー・エルキントン（1857−1938、日本名：萬里）と結婚。帰国し、札幌農学校教授となる。

新渡戸稲造と妻メアリー

1882年（明治15年）
1月 日本銀行成立
3月 伊藤博文、憲法調査のため西園寺公望らと渡欧。
ドイツで三国同盟成立

1884年（明治17年）
10月 秩父事件

1885年（明治18年）
12月 第一次伊藤博文内閣発足

1888年（明治21年）
4月 枢密院官制公布

1889年（明治22年）
2月 大日本帝国憲法発布。同時に皇室典範、衆議院議員選挙法、貴族院令、議員法を公布

1890年（明治23年）
7月 第一回総選挙

1891年（明治24年）
5月 大津事件

1892年（明治25年）長男、遠益誕生（生後9日目に死去）。

1894年（明治27年）札幌に貧しくて学校に通うことのできない子どもたちのために遠友夜学校を設立。

1897年（明治30年）札幌農学校を退官し、群馬県伊香保で静養中に『農業本論』を出版。

1898年（明治31年）アメリカカリフォルニア州モントレーに渡り、療養生活。

1899年（明治32年）日本最初の農学博士の称号を先輩佐藤昌介らとともに取得。

1900年（明治33年）病気療養のため渡米中に英文『武士道』（BUSHIDO : The Soul of Japan）初版出版。ヨーロッパ視察。パリ万国博覧会の審査員を務める。

Bushido : The Soul of Japan (1900)

1901年（明治34年）後藤新平に誘われ、台湾総督府民政部殖産局長心得に就任。サトウキビ栽培の指導にあたる。

1894年（明治27年）
7月 日英通商航海条約締結。治外法権の撤廃（以後各国との間に改正条約成る）。
8月 日清戦争宣戦布告
4月 下関条約調印

1896年（明治29年）
ギリシアのアテネで第1回国際オリンピック大会開催

1898年（明治31年）
6月 史上初の政党内閣として大隈重信、組閣
米西戦争開始勃発

1900年（明治33年）
6月 清朝北京において北清事変勃発

1901年（明治34年）
9月 日本を含む諸国と清朝との間で北京議定書締結

1902年（明治35年）台湾総督府民政部臨時糖務局長就任
1903年（明治36年）京都帝国大学法科大学教授兼任。
1906年（明治39年）法学博士の学位を得る。第一高等学校長に就任。東京帝国大学農科大学教授兼任。

「第一高等學校校友會雜誌委員新舊交替記念撮影」（所蔵・大貫初子）における谷崎潤一郎（國文）と新渡戸稲造校長。

1909年（明治42年）実業之日本編集顧問となる。

1902年（明治35年）
1月　第一回日英同盟成立
1903年（明治36年）
10月　小村寿太郎外相と駐日ロシア公使ローゼンとの間で朝鮮満州をめぐる交渉開始
1904年（明治37年）
2月　日露戦争勃発
1905年（明治38年）
7月　桂・タフト協定
8月　第二次日英同盟
9月　ポーツマス条約締結。日露戦争終結
11月　第二次日韓協約
1906年（明治39年）
2月　韓国統監府開庁
6月　ロシアから南樺太を受領
1907年（明治40年）
7月　ハーグ密使事件
1908年（明治41年）
11月　高平・ルート協定（太平洋方面の現状維持に関する日米協定）
1909年（明治42年）
6月　伊藤博文、ハルビン駅頭で朝鮮人安重根に射殺される
1910年（明治43年）
5月　大逆事件（幸徳事件）。幸徳秋水ら社会主義者ら逮捕、秘密裁判を経て処刑
8月　日韓併合

1911年（明治44年）第一回日米交換教授として渡米し、各地の大学で講演をする。

1916年（大正5年）東京植民貿易語学校校長に就任。

1917年（大正6年）東洋協会植民専門学校（現・拓殖大学）の第2代学監に就任。

1918年（大正7年）東京女子大学初代学長に就任。

1911年（明治44年）
2月 日米通商航海条約改正（関税自主権の回復）
7月 第三次日英同盟

1912年（明治45年）
7月 明治天皇崩御。大正天皇践祚

1912年（大正元年）
9月 乃木希典大将、殉死

1913年（大正2年）
10月 中華民国承認

1914年（大正3年）
1月 シーメンス事件
7月 第一次世界大戦勃発
8月 大隈内閣、日英同盟を理由に対独宣戦布告

1915年（大正4年）
1月 中国に対し二十一箇条の要求

1917年（大正6年）
11月 石井・ランシング協定
ボルシェビキによるロシア十月革命

1918年（大正7年）
8月 シベリア出兵
米騒動勃発。全国各地に急速に波及
11月 オーストリア、連合国との間に休戦協定。第一次世界大戦終結

1919年（大正8年）
1月 第一次大戦に関するパリ講和会議
3月 朝鮮京城で大規模な反日デモ勃発（三・一事件）
5月 中国で大規模な反日デモ勃発（五・四運動）
6月 ヴェルサイユ条約調印

1920年（大正9年）国際連盟事務次長に就任。

1921年（大正10年）チェコのプラハで開催された世界エスペラント大会に参加。バルト海のオーランド島帰属問題を解決する。

1925年（大正14年）帝国学士院会員に任命される。

1926年（大正15年）国際連盟事務次長を退任。

1926年（昭和元年）貴族院議員に勅選される。

1920年（大正9年）
1月　国際連盟発足。日本、常任理事国として加盟
1921年（大正10年）
3月　皇太子・廸宮裕仁親王のヨーロッパ巡遊
11月　原敬首相、東京駅頭で暗殺される
皇太子裕仁親王、摂政就任
海軍軍縮のためのワシントン会議開催（英米仏伊日）
12月　日英米仏四カ国条約成立。日英同盟廃棄
1922年（大正11年）
2月　ワシントン海軍軍縮条約締結
中国に関する九カ国条約締結
12月　モスクワにて第一回ソビエト大会。ソビエト連邦成立
1923年（大正12年）
9月　関東大震災
12　虎ノ門事件
1924年（大正13年）
1月　摂政裕仁親王、久邇宮良子と婚礼
1925年（大正14年）
1月　日ソ基本条約締結
1926年（大正15年）
7月　中国において蒋介石の北伐開始
12月　大正天皇天皇崩御。摂政裕仁親王、践祚して昭和と改元
1927年（昭和2年）
3月　金融恐慌が始まる
5月　第一次山東出兵

1928年（昭和3年）東京女子経済専門学校（現・新渡戸文化短期大学）の初代校長に就任。

1929年（昭和4年）大阪毎日新聞、東京日日新聞顧問に就任。太平洋調査会理事長に就任。拓殖大学名誉教授に就任。京都にて第3回太平洋会議開催、議長を務める。

1931年（昭和6年）産業組合中央会岩手支会長に選出。上海で開催の第4回太平洋会議に出席。

1932年（昭和7年）満州事変における日本の立場を説明するため渡米、各地で100回以上の講演をし、日米両国平和維持のために努力する。東京医療利用組合（組合長・新渡戸稲造）の設立が許可される。ハーブァホード大学により名誉博士の学位を授与。

1933年（昭和8年）カナダ・バンフにて開催の第5回太平洋会議に出席。帰路、10月16日、バンクーバー市の近くのビクトリア市にて客死。

1928年（昭和3年）

2月 日本初の普通選挙実施

3月 共産党員ら多数検挙される（三・一五事件）

6月 張作霖が爆殺される（満州某重大事件）

1929年（昭和4年）

4月 日本共産党員が多数検挙される（四・一六事件）

6月 中国国民政府を正式に承認する

10月 ニューヨーク株式が暴落して世界恐慌が始まる

11月 金輸出解禁令が公布される

1930年（昭和5年）

4月 ロンドン海軍軍縮条約

11月 浜口首相が東京駅で撃たれる

1931年（昭和6年）

1932年（昭和7年）

1月 上海で日本軍と中国軍が戦う（第一次上海事変）

2月 井上準之助が血盟団員に射殺される

3月 満州国建国宣言発表

団琢磨が血盟団員に射殺される

5月 犬養首相が陸海軍将校らに殺される（五・一五事件）

9月 日本が満州国を承認する（日満議定書調印）

1933年（昭和8年）

1月 国際連盟総会で対日勧告案が可決される

3月 国際連盟から脱退する

ヒトラー内閣成立

『逆境を越えてゆく者へ』 目次

第1章 逆境を越えてゆく者へ

（『修養』第十章より）

第2章 人生の危機は順境で起こる（『修養』第十一章より）

第3章 決心を継続していくということ（『修養』第四章より）

第4章　四つの力を貯蓄する

（『修養』第八章より）

第5章　臆病を克服する工夫

（『自警』第五章より）

第6章 人生の決勝点

（『自警』第十一章より）

写真提供……………………学校法人新渡戸文化学園
（1、2、4、6、7、8頁）
写真・資料提供…………東京女子大学（3、5頁『修養』）
編集協力…………………田口佐紀子

第1章

逆境を越えてゆく者へ

いわゆる逆境があるから、我々は他人に対し思いやりの心を持つことができる。もし毎日浮かれ騒いでおもしろおかしく人生を過ごすならば、どうして人に対する思いやりの心を持つことができよう。思いやりの心を持たない者がどうして人情の本当の味を知ることができるだろう。

第1節　どのように順境に対処するか

ままならないのは世の常

世の中をうまく渡り、順風満帆、得意の絶頂にある人を見ると、多くの人はその幸福を羨《うらや》むが、当人にしてみれば案外、外からは分からない辛さ苦しさがあったりする。例えば、世に名をなした人の内幕をのぞいてみると、「高い木は風当たりが強い」という諺《ことわざ》のように嫉妬の声があちこちから聞こえ、大事小事にかかわらずすることなすこと非難され、引き倒されそうになる。また、それほど有名でない人でも、人に隠れて善行をしようとすると、新聞などが書きたててそのために思わぬ攻撃を受け、事が成就《じょうじゅ》しない例もある。

この世はままならないものである。このような世の中をうるさく感じ、一生を平穏に過ごそうとすれば、世間から離れた山の中にでも住むほかはない。せっかくこの世に生まれて来たのだから何かしたいと思えば、必ず意のままにならないことが起こるものだ。逆境というのは多くの場合これを意味するのではないか。

そうであるなら、逆境は世の中のすべての人が逃れられないものということになる。

順境にも苦痛あり

人間というものは自分にないものを他人が持っていると、これを羨ましく思い不平不満が起きる。例えば金のない者が大金持ちを見れば、あの人たちは幸せだなと羨む。

しかし、金持ちは金持ちで金がたくさんあることを不便と感じているかもしれない。

また、学問のない者は学問のある者を羨むが、古人が「字を知るは憂いの始め」と嘆《たん》じているように、学者は解決できぬことのために絶えず頭を悩ませている。

不美人は美人を見れば、自分もあのくらい美しかったらなあ、と思うかもしれないが、美人は美人で煩《わずら》わしいこともたくさんあるだろう。

地位の高い人を見ればその栄華を羨むが、山の頂に登ってみればやはり麓《ふもと》の小屋の方が住みやすいということもある。

「咲かざれば桜を人の折らましや
　さくらの仇はさくらなりけり」

という歌もある。他人が羨ましく思うことが当人にとっては苦痛となることも多く、したがってどんな人でもそれに相当した逆境があるものだ。

修養の覚悟があったリンカーン大統領

リンカーンは偉人であったが、生まれた家は非常に貧しく、着る服も履く靴も満足になかった。家は人里から遠く離れ、ワシントン伝を借りるために数里を歩かねばならず、知らない文字があっても調べる字引も教えを請《こ》う先輩もなかった。その上早くに母を失い、継母に育てられた。普通の人間と比べて確かに逆境にあったと言わねばならない。逆境逆境と言って、逆境ながらにその境遇を利用しようとしない者が多い。家が貧しい、教え導いてくれる人がいないなど、境遇の不幸ばかりを訴える。

リンカーンが逆境を切り抜けたのは、天分において優れていた点もあったが、逆境に対して修養の覚悟があったためだと僕は思う。

彼が大統領になり内閣を組織した時も、閣僚の中には彼に従わぬ者が一人二人ではなかった。陸軍卿スタントンなどは南北戦争中、戦報が届いてもこれをリンカーンに秘密にし、自分が命令を発していたくらいである。しかし、ホワイトハウスにあって最大共和国の統治者であるその様子から、また直接に彼のユーモアあふれる話を聞いた者たちは、誰も彼の心中に憂慮ありなどと察することはできなかったであろう。

外から来た不幸、自らつくり出す不幸

逆境はすべての人にある。得意の絶頂にある人にも大統領の地位にある人にも、必ず

自分の思いどおりにならないことがある。この自分の思いどおりにならないことには二種類がある。つまり天の授けるものと自分がつくり出すものである。

前者は運命と称され、後者は自業自得と言われる。もっとも自業自得と称するものにも運命の分が少なからず含まれているし、運命と言われるもののうちにも自分の責任に帰する分が少なくない。

やむを得ない事変、自然災害などは自分がつくったものではなく外から来た不幸である。家族の病気や死、自分の病気や怪我、火災による財産の消失、そういうもののために逆境に陥ることは誰でも経験することであるが、自分はこれほど努力しているのにこんな境遇に陥るとは神も仏もあるものか、と天の摂理を疑ったり、あるいはそのためにすっかり性格が変わってしまう者すらいる。

二種類の禍《わざわ》いのうち人生でどちらが多いかと言えば、自らつくり出すものの方がはるかに多い。ただ人は普通、なぜ逆境に陥ったかをよく考えないから、天を怨《うら》んだり他人を怨んだりするのだ。人からごちそうに呼ばれて行って風邪をひくと、冬の寒い夜に呼ぶからだと相手を責めるし、自分の性格の弱さを制しきれない時はこれは遺伝のせいだと親や祖先を責める。

しかし、罪を他人のせいにするのは知恵が少ないからである。知恵が少なければ少ないほど罪を他人に転嫁することが多い。

禍いをつくり出す悲劇

たとえ話をすると、とても仲の良い二人の男が共同で羊を百頭飼っていた。ある時、甲が牧場から羊を連れ帰ると一頭が倒れた。すると乙が「今日、お前が牧場で悪い草を食べさせたからだ。羊はお前が殺した」と責め、甲は「いや、昨日、お前が悪い草を食べさせたからだ。責任はお前にある」と言い、互いに罪をかぶせ合った。それでは羊を分け合ってそれぞれに飼おうということになり、二人は四十九頭ずつ分け合い、半端になった一頭だけを共同で所有することにした。

ほどなく春になり、甲はもう毛を刈る時期だと言って刈ったが、乙はまだ早いと言って刈らなかった。共有の羊については再び喧嘩になり、甲は羊の右側だけを刈り、乙はそのままにしておいた。ところが翌日この羊が死んでしまい、乙は甲が右側の毛を刈ったから風邪をひいたのだと言い、甲は乙が刈らなかったから左側が重くて倒れたのだと争い、ついに法廷で裁判するにいたったという。

世の中には、この二人のように互いに相手に責任を転嫁して、争いをどんどん大きくしてしまう例がある。しかし他人あるいは天から来たと思う禍いも、平静な心で考えてみれば、たいがいは自分から起こったものであることが分かる。

想像から生まれる逆境もある

禍いと言うほどのものではないが、想像が描き出す逆境もある。つまり自分は自分の持っている本当の価値に見合った待遇を受けていないと考え、不満に思い、自ら逆境をつくり出す——そういう者が多いのである。隴《ろう》を得て蜀《しょく》を望む——つまり一つの望みが達せられると、さらにその上を望むようになるのである。

欲望には限りがないから、不足は数え始めればきりがない。道端で遊んでいるハナタレ小僧だって、最初、南京豆の一袋ももらえば喜ぶが、いつも南京豆ばかりもらっていれば今度は駄菓子が欲しくなる。次に駄菓子を与えると、これも三日も続けばカステラが欲しいと言い出す。八百膳《やおぜん》（※享保年間に創業した、当時の高級料亭）の料理はおいしいが、十日も続けて食べれば嫌になるし、ホテルの宿泊だって一年も続けば楽しくなくなる。かつてアレキサンダー大王が世界を征服した時、月を仰ぎ見て「なぜあの月まで遠征できないのか」と泣いたという。人間には満足というものがないのである。

もう十年余り前の話だが、僕のところに二人の書生が訪ねて来た。一人は北海道、一人は僕の郷里の人間で、僕は二人を人力車に乗せ、一日かけて浅草やその他の東京の名所に案内した。その後二人は郷里に戻ったが、北海道の書生は僕に非常に感謝し、「忙しい身なのによく自分たちのために一日つぶしてくれた。車代もかかったろうし昼飯も安くはなかったろう」ととても満足したらしい。

一方、同郷の書生は、はるばる東京に行ったのにたった一日しか案内してもらえず、のろのろした車に乗せられ、昼飯もうなぎ飯くらいで追い払われた、と非常に不満だったという。彼は僕に多少の収入があるのを知り、数日間馬車を乗りまわして東京案内をしてもらい、精養軒（※明治九年に開業した、西洋料理店）か八百膳あたりでごちそうになることを期待していたのであろう。

もし僕に家族もなく書籍も買わず交際費用も必要ないなら、馬車で彼らを案内することもできたろうが、そんなことはできないし、その義務もない。

しかし、これは独りこの書生だけにとどまらない。彼と五十歩百歩の人間は多いものだ。

弱点を知っていながら矯正しない人は多い

自分はこんなに努力しているのに、社会はなぜ自分を虐待するのか、なぜ自分を受け入れないのか、という言葉はよく耳にする。だが、社会は決して虐待しない。自分が虐待されるに値する人間なのである。

稀にはこの点に気づいている者もいて、自分は酒癖が悪い、金銭感覚がない、女性関係がだらしないなど、自分の弱点を知っている者もいる。それではこれを矯正するかと言えばそれはせず、人間は元来不完全なものである、少しくらい弱点があっても社会はこれを許すべきだと信じ、それが許されないとは社会はなんと無情なものよ、と罪を社会に転嫁するのだ。

自分の弱点のために社会が自分を用いてくれないなら、なぜ反省し改めようとしないのだろう。自分で逆境をつくりながら、他人に逆境に陥れられたかのように社会を怨む人が多いのは、とても残念なことである。

第2節

逆境にある者が陥りやすい危険

人間万事塞翁《さいおう》が馬

昔、砦《とりで》のほとりに住む老人の馬が逃げた時、隣人が悔やみを言ったが老人は悲しまなかった。数ケ月後、この馬が駿馬を連れて戻って来たので、隣人が今度はお祝いを言うと、老人はやはり少しも喜ばなかった。馬の好きな老人の息子がこの駿馬に乗って落馬し、体が不自由になってしまった。近所の人はまたその不幸を悲しんだが、老人はこの時も悲しむ様子がなかった。その後隣国と戦《いくさ》になり政府は兵士を選抜したが、老人の息子は体が不自由なため徴兵の義務を免《まぬが》れた。戦は激しく兵士は九割までもが戦死した―

—これは昔から広く言い伝えられている「人間万事塞翁《さいおう》が馬」の話である。人間社会のことはすべてこのようで、辛いと思ったことが楽になり、禍いに見えたことが福となる。まさに「禍福はあざなえる縄のごとし」なのである。

『菜根譚《さいこんたん》』には、

「子生まれて母危うく、鏹《きょう》（※銭のこと）積んで盗《とう》うかがう。何の喜びか憂いにあらざる。
貧もって用を節すべく、病もって身を保つべし。何の憂いか喜びにあらざる。
ゆえに達人はまさに順逆一視《いっし》し、しかも欣戚《きんせき》（※喜ぶことと悲しむこと）ふたつながら忘るべし」

とある。

達人は順境も逆境も同じものと考え、喜びも悲しみも二つとも忘れて、そうしたことを超越して天命に安んじる。普通の人間は逆境に陥れば悲しんだり怨んだりするが、しかし喜びも憂いとなり、憂いも喜びとなるのだから、逆境も善用すれば、修養のための大きな糧《かて》となり、順境に到達する手段となるのだ。

危険一、逆境にある者はヤケを起こしやすい

人は逆境に陥った時、精神的にいろいろな影響を受けるが、これは一番注意し警戒しなければならないことである。逆境に陥った者でそれを切り抜けようとせず、ヤケになって堕落する者が世間にはたくさんいる。

せっかく立てた志を遂げずに堕落して一生を不幸にする理由はいろいろあるが、ヤケになった結果そうなる者が圧倒的に多い。

ヤケになるのは気の短い人に多く、遠い先々まで考えられる人はヤケを起こしにくい。気の短い人は目先の困難に目がくらみ先を見ることができず、自暴自棄になったり悪事を働いたりする。教育を受けた人、豊かな経験を持つ人は逆境に陥ってもヤケになる者は少なく、反対に無教養の人、経験の少ない人、言いかえると若い人にヤケになる者が多い。僕はこれは人物としての背丈が低いため、前方が見えないからだと思っている。

少し爪先立ちをして前を見れば、生きている間には一条の光明が前途に輝き、希望の光が見えるものである。しかし短気な人は、一時の暗黒に戸惑い、前途はどこまでも暗

黒だと早合点する。はるか前方に輝いている光を見ず、希望を認めることができないのである。

「さて、この先は……」と爪先立ちで考えてみる

こうした場合に一歩退いて、「さて、この先は……」と考えれば、前途が少しは見え、光も希望も認められるはずである。僕は逆境にある人に、もう少し爪先立ちをして前を見ることを切に願う。

僕はたくさんの青年を知っているが、中には学校の試験に落第した者、校則に違反して退学を命じられた者、商売で失敗した者、養子に行ったが先の人たちと意見が合わなくなった者、病気になり医者から警告を受けた者などいろいろいる。

青年の傾向として、一度落第すればもう学問はできないと思ったり、退学を命じられると世界中に勉強する場所は他にないように思い込んだり、一時意見が合わなくなると永久にその家の人たちとはやっていけないように思ったり、医者から注意されると直ち

に死の宣告を受けたかのように思ったりする。

　こうした時に、「さて、この先は……」と静かに熟考すれば、必ず前途に光が見えるはずである。かつて、後藤男《だん》（※後藤新平男爵）からこんな話を聞いた。

　後藤が勝海舟を訪れた時のこと、勝翁が「君は医学生なら首の筋肉作用くらいは知っているだろう。ろくに知らない奴が多いんだよ。縦や横に動かすことは知っていても、何か事が起こった時に、チョイット首を伸ばして向こうの先を見通すことのできない奴が多い」と言われた。

　まさにそのとおりで、事が起こるとただ慌てふためくばかりで、「さて、この先は……」と首を伸ばすことはなかなかできない。だから昔の人も、「窮地に陥り勢いのなくなった人は常に初心に帰るべし」と言っている。

今ある状況から一歩退く

　先日、ある地方の青年から手紙を受け取った。手紙の要旨は、昨日、これこれの理由で退学を命じられた。自分の過失から出たことで仕方がないが、自分の母親は朝早くから働いて自分の学費をつくってくれた。母に対し申し訳が立たず、世間にも顔向けができない。いっそ死のうかとも思ったが、母のことを考えるとそれもできない。先生、自分にはこれからまだ機会があるでしょうか、というものだった。僕はこう返事を書いた。「君の過失はほんとうに手紙に書いてあるだけのことなのか。もしそうなら、退学処分は君が世間に顔向けができないと思う必要のないものである。君が過ちを悔いて謹慎すれば、退学の不名誉は簡単に回復できるし、学校もきっと復学させるはずだ」

二週間ばかりしてまたこの青年から手紙が来て、「ご教示に従って謹慎していましたら復学を許されました」と書いてあった。些細なことだが、今ある状況から一歩退いて考えれば、前途が見え、とるべき方法や態度が見つかるはずである。

社会は決して無情ではない

「世間は無情なものだ。倒れかかった人間をみんなで引き倒して踏みにじる」。逆境にある人はよくそう言うし、僕自身もそう思ったことがないわけではない。一人が悪口を言うと多くの人がそれを言いふらし、悪く言われたその人はついには四面楚歌となって、こんなに辛いなら生きてはいけない、と思ったりする。

しかし僕は、「世の中は無情」というのは四割は真理かもしれないが、やはり世の中には情けがある、と六割は信じている。

全力で努力する者は、遅かれ早かれ逆境から浮かびあがる。重荷を背負ってこれに耐える者は、世間が必ずどこかでこれを認め、すぐに認める人がいなくてもいつか必ず認められるし、生きている間に認められなければ、死後には必ず認められ、人によっては神のように崇《あが》められる場合さえある。

ソクラテスが獄中で毒をあおって死んだ時、悲嘆の涙にくれたのは少数の弟子だけであった。しかし彼の死んだ後は、国中が彼を惜しみ、彼に死刑の宣告をした裁判官や証人を反逆者のように非難した。

と言っても、死んだ後のことは分からないのだから生きている間に報われたい、という人もいて、こういう人を慰めるのはなかなか難しいが、僕はほとんどの善行は生きている間に実を結ぶと信じている。

世間の人の気づき方が遅く長く時間がかかっても、善事には必ずいつか相応の報いがある。シラー（※ドイツの詩人、劇作家、歴史学者）は、世界の歴史は世界の審判であると言ったが、まさにそのとおりである。いかに苦しいことがあっても、ヤケになってはいけない。苦しみはいつまでも続くものではない。逆境にある人は絶えず「もう少しだ、あともう少しだ」と思いながら進むことだ。必ず前途に光明が現れるのだから。

危険二、逆境にある者は他人の境遇を羨みやすい

逆境に陥った者は他人がよい境遇にあるのを見ると羨ましく思い、努力することなしにその人のようになりたいと思うものである。『言海』を見ると、うらやむとは心病《うらやみ》で、他人のよいことを見てそのようになりたいと望むとある。「やむ」とあるとおり、心理上の病的現象である。同じ出来事にあっても、病的に見れば羨みとなり、健全に見れば励みとなる。

例えば、自分より優れた人を見て、その人のまねをしようとするのは励みである。学者を見て、自分もその人のように学問を積もうと志を立てる、徳の高い人を見て、自分

もその人のように徳を積もうと努力する。これらは健全に他人の善行を見て努力しているのである。

それに反し、あいつは特別優れてもいないのに自分よりいい目にあっていると人の成功を羨み、さらに進んで、そうなったのは彼が上役にへつらい、自分のことを悪く言ったからではないかなどと邪推して憎む。これはもう病的な現象がだいぶ進んだ状態である。

人はいったん逆境に陥ると、今までのレベルから他人を見ることができなくなり、一段下がったところから見るようになる。先に述べたように、爪先立って見れば見えるのが、低いところにいるから高いところ、遠いところに目がいかなくなる。こうなると人の表面に現れたところを見ず、裏の陰の部分のみを見て羨むのである。

僕の家に郷里のある老夫人が来たことがある。東京見物をさせた後、せっかく来たのだから鎌倉、江の島を見ていったらどうかと勧めると、「わたし一人が見物して帰れば、郷里にいる夫から、自分だけ鎌倉、江の島を見るとは何事だ、と怒られる」と言って行かなかった。

他人が楽しい思いをするのは、決して自分の損ではない。しかし他人が楽しんでいるのを見ると、自分が損するかのように思う者が多い。これがさらに進めば、他人に幸いがないのを喜び、不幸が起ころうものならいい気味だと思うようになるのだ。

羨みは心の狭さから起こる

他人を羨むということは心の狭さから起こるものであるから、そうならないためには心を広く持ち、他人に及ぼす善は自分にも善であると思うように努めることだ。

経済学が未発達な時代には、甲が利益を得る商売は乙にとっての損であると信じられていて、外国貿易も双方が同時に得をするという考えはなかった。しかし、例えば米屋が魚屋から魚を買うにはお金を払わなければならないが、そのお金は、米屋が魚屋やその他の人に米を売って受け取ったお金である。つまり、煎じつめれば米屋は魚屋から米で魚を買っているのと同じで、この場合、米屋も魚屋もいずれも損はしない。

人の交際も似たようなものである。

自分の知っていることを他人に教え、自分の知らないことを他人から教わる。知識は他人に教えても減るものではなく、その交換は物品の交換と同じにお互いの利益になるものである。人情の交換もまた同様で、自分の喜びを人に分けても自分の喜びは減らないし、人が嬉しがっていることを一緒になって笑い興じても自分の損にはならない。

しかし、経済学にも迷信があったように、人情の交換にもこの迷信が残っている。

すなわち、他人が得をしたと言えば自分は損をしたように感じ、他人が金を儲ければ自分の金を取られたように思う。他人が名誉を獲得すれば自分は侮辱されたように感じ、他人が新しいことを覚えると自分の知識を取られたように感じる。

もっと具体的に言えば、他人の給料が上がったと聞くと自分は罰金を科せられたように思い、他人が昇級すると自分は降格したように思う。これは羨みの感情である。

共通の利害に目を転じる

ソリダリティ（※共通の利害、責任から生じる結束）という観点から言えば、現在はまだまだ原始社会である。

例えば火災などの場合、隣の家が火事になり自分の家に及びそうな時は、共通の敵である火事に対し他人自分の隔てなく全力で鎮火に当たる。また同じ軍人であり日ごろは昇進を競っていても、いったん戦争が起きれば、自分のことは忘れて国家を防衛することが第一となる。

つまり、人間は個人を越えた大きな利益を考えるとき、他人を羨む気持ちは少なくなるものだ。国という観点から考えれば、世界の国々の中で日本の利益をどう保つかを懸命に考えることになり、小さい日本村の中での小競り合いなどする気が起きなくなる。

同僚が出世し自分が後れても、あるいは意見が異なり敵のように気にくわない相手であっても、その人間が日本の国の力となり、国の評判を高める者なら、喜んでその者に協力する気にもなるし、羨みの気持ちなど起きないであろう。

これほど大きなことでなくても、他人の幸福は自分を害するものではなく、めぐりめぐって自分の幸福にもなるという考えを持つようになれば、羨みの気持ちは薄らぐはずである。

他人の利益は自分の損、他人の損は自分の得ではない。一人の利益は万人の利益、一人の苦しみは万人の苦しみ、一人の喜びは万人の喜びと考えれば、世界は美しい調和に達する。

生まれながらの聖人は議論をしなくてもこのように感じることができるが、凡人である我々は、事に当たる時、共同の利益のあるところに心を向けるようにすれば、他人を羨む気持ちはだんだんに薄らぐはずである。

危険三、逆境にある者は他人を怨みやすい

逆境に陥った者はとかく他を怨みやすくなる。この怨みには天、他人、自分を怨むの三種類があるが、この三種類のうち、自分以外の者を怨むのは、それによって逆境に陥った申し訳をつくり、自分の責任を逃れ、それを他のせいにしようと思うからである。こうなったのは自分が悪いのではなく天が災いをもたらしたのだ、自分は悪くないが他人に騙《だま》されたのだというように、自分以外の者に責任を転嫁する。

一方、自分を怨むというのは後悔すること、「ああ、自分が悪かったためにこうなった」と悔いることで、これは希望の持てる心の状態だと言えよう。

もちろん後悔（Regret）するだけでは十分ではなく、キリスト教で言う悔い改め（Repentance）でなければならない。そうなって初めて後悔は望みある心の状態になる。

ここでは自分を怨むことはしばらくおいて、天と他人を怨むことについての注意を述べてみたい。

他者を怨む最大の理由

自分の欠点短所を棚に上げて、他者のみを怨む者は世間にいくらでもいる。前に挙げた他人を羨む場合と同様、社会関係が緊密になって来たため、善事も悪事も一人ではできない。たいていは他者との共同関係を必要とするので、失敗の理由を自分以外の人に求めやすいのだ。

これは少し滑稽《こっけい》な例であるが、まったく自分の注意が足りなかったために風邪をひいても、客に呼ばれて行った先の暖房が十分でなかったとか、女房がもう少し暖かい上着を出すべきだったとか、人力車が幌《ほろ》をかけずに夜道を走ったせいだとか、風邪の理由をすべて他者のせいにする。

こんな風に論じていけば、世界のすべてが悪く、自分一人だけが善となる。こうした例は笑い話でなく、世間にいくらでもあるのだ。

例えば先ごろ、僕のところに就職口を頼みに来た人がいた。この人は某氏の名前を出し、「彼はとても不親切だ。彼のせいでできる就職もダメになった」と不満を述べた。聞いてみると、この人はもともと一ヶ所に落ち着いて働けない人で職場を転々としていたが、今回は必ず落ち着いて働こうと某氏を訪ねて頼みこんだ。某氏もこれを承諾してある会社を紹介してくれた。この人は一日千秋の思いで会社からの返事を待っていたが、会社は現在不景気で新たな人は採用できないと言って彼は不採用になった。ところがこの人は、自分が採用されなかったのは某氏が自分がこれまで一ヶ所に落ち着かなかったことをあからさまに話したせいだ、と深く怨んだのである。

これは一種のひがみである。某氏はこれまでのいきさつを話さなければ現在の彼の境遇を説明できないと思ったのだが、この人は心がねじけていて、某氏を怨んだのである。世話をしてくれと頼みながら、後で世話をしてくれた相手を怨むようになるのは、他人の世話をした人間がよく経験することである。世話をする人は必ずこの点を含んでおく必要がある。

僕が以前、とても人の世話をよくする先輩に、「人を世話する種をまくと、怨みを収護することを覚悟すべきですね」と話すと、この先輩は、「まさに至言である」と手を打って同意された。

とは言っても、僕は人の世話をするのはよせ、と言っているわけではない。困っている人を見れば、やはり力の及ぶ限り世話もしなければならない。世の中は持ちつ持たれつである。困る時には救いを求め、困っている者には救いの手を差し伸べるべきである。

逆境に陥ったわけを自分に尋ねる

逆境に陥ったわけを自分に尋ね、それは自分のせいだと覚悟を決めれば、人を怨むことはなくなる。また実際、逆境はたいてい自分の失敗に基づくものが多い。歴史上、人の讒言《ざんげん》によって陥れられた人はたくさんいるが、その理由とされた欠点は多少は自分にあったものなのである。

「自分が悪かった」と自分の過ちを認めることは成熟した大人でなければできない。大人は子どもの相手をしている時、なにかで子どもが泣き出すと、大概「分かった、分かった、私が悪かった」と言うではないか。また、世の中で親分とか兄貴分とか言われるようになって、初めて人はよく自分の非を認める。

キリストは磔《はりつけ》に処せられて苦しんでいる時、「天の父よ、わたしをこのように虐待する者をお許しください。彼らは自分のしていることが分からないのです」と叫んだ。この境地に至って初めて人を怨まなくなるのである。

ただ、我々凡人は不幸の責任をなかなか自分で背負いたがらない。しかし心掛け次第ではできないことではないと思う。一般的に用いられる思想、例えば仏教が慈悲心、キリスト教が愛、儒教が仁の心を教えるように、すべての場合に応用される感情を養い、主観的方法で人を怨む心を消す——これはできないことではない。

しかし各自がこれを行うのは簡単なことではないから、客観的に「このことについては自分が悪い」と自分を顧みることも人を怨まなくなる方法の一つではないか。

例えば、ある事業に失敗し逆境に陥ったとする。そこで失敗に至った経路を考え、事業をいかにして始めたか、また誰に相談したかなどを考えてみる。この時、某が大いにやりなさいと奨励し、自分も彼のその説に従って思い切ってやる気になった、某が勧めなければ自分はしなかった、と某を怨む。しかし、某の勧めを選択したのは自分であることには思い至らない。

せっかく勧めてくれた好意を無にするのは悪いと思ってやったということもあろう。しかし自分が見て正しくない、よくないと思ったなら、それがどんな好意から出たものであろうと断るべきであり、自分の意思に反してまで行ったのは自分の間違いである。また自分でそのとおりだ、正しいと思ってやったのなら、それは自分が判断を間違えたのであり、勧誘者に罪はなく自分が責めを負うべきである。だからどこから考えても事業に失敗した理由は自分にあって他者を怨むべきではない。

危険四、逆境にある者は二種類のやり方で天を怨む

逆境に陥った人の中には天を怨むようになる者がいる。自分はこんなに努力しているのにこんな境遇になったのは天のせいだというのである。

物質は火の中に入れると溶けて形を失う物、反対にますます硬くなる物とがあるが、人も艱難《かんなん》という熱い火で鍛えられるとその性質が硬くなることがある。

ここで言う硬くなるとはもちろん悪い意味で、冷ややかで薄情な人間になり、他人は

すべて敵であるかのように思うことである。

反対に柔らかくなる者もいるが、ここで柔らかいと言うのは、人生はつまらないもの、この世ははかないものと思い定め、世間から遠ざかり逃げようとすることである。昔の仏教徒にはそういう人がたくさんいたし、キリスト教徒にもいた。山奥深く入り世間から離れて暮らしたり、ギリシャのメテオラ（※岩山に築かれた修道院）のように、高い絶壁の先端に住まいを構え、世間と交わるのを避け、出入りにはザルに入り一本の綱を頼みとした者すらいた。

天を怨むと言ってもこのように二種類があり、したがってその結果も違ったように現れる。一つは、このような結果を見るとは神も仏もないと言って信仰を失い、人間界には徳も義もありはしないと過激な破壊論者になることである。これは強い者の陥りやすい過ちだが、弱い者が逆境に陥ると世間に反抗はしない代わりに、陰気、卑屈、悲観的になって、すべてのことにブツブツと不平不満を言いながら日々を送ることになる。

この二種類の現れ方は人の性格により、また程度の違いもあるが、自分の失敗を天のせいにしようとする点では同じである。

「神はその愛する人を試みる」

イギリスのハクスリー（※生物学者）は、「道徳は人のつくるもので天とか地とかに客観的に存在するものではない」と言った。この問題は宗教の力を借りなければ説明できるものではないが、僕が青年に一言、注意しておきたいのは、人は逆境とか災難を過大視する癖があるということである。

例えば金持ちは金を失うと、逆境に陥ったといって天を怨む。しかし貧乏になったからといって天を怨むのならば、金は天からの授かりものということになってしまう。だが、これまでの歴史や偉人の伝記を読んでも、金を得て初めて天の恵みを知ったというのは聞いたことがない。

世間の人は人生の幸福、人生の目的を達するために、金の必要性を過大視していないだろうか。ルーズベルトは毎日の礼拝で、日々の糧に苦しむような貧乏に陥らないよう、また自分の向上に役立たない金は持たないように、と祈るという。貧苦が天の恵みとは言わないが、かといって富も特別な天の恵みとは思わない。

金持ちが財産を失って天を怨むのは、金を重く見すぎた過ちである。名誉も同様で、世間からもてはやされた人が、なにかの理由で評判が落ちても、それが禍いと言えるだろうか。

第一、名誉そのものが果たして幸福かどうか、僕は疑う。名誉もまた世の中の人は重視しすぎていないだろうか。名誉を得た人がこれを善用して世の役に立てば天の恵みともなるが、これを得たため大きな顔をして傲慢な態度をとれば、名誉はかえって禍いとなる。乱用するような名誉なら、これを失うことはすでに逆境を脱していることになるのではないか。

僕は、天は決して人間をひどい目にあわせるものではない、と信じている。

聖書には「神はその愛する者を試みる」とある。病気になったからといってそれが直ちに逆境とも言えないし、健康が必ずしも順境と言えないこともある。つまり、それが天から出たことであるなら、出処進退、貧富、栄辱、すべて順でもなければ逆でもない。

天命に任せて生きている人は、そんなことには無頓着なものである。しかし凡夫はそうはいかないから、人を怨み天を怨む。だから、たとえ失敗しても、災禍にあっても、それを過大視しないよう、考えすぎないよう、執着しないようにすれば、天を怨む考えは起こらなくなるはずである。

危険五、逆境にある者は同情心を失いがちである

逆境に陥った人は、周囲はすべて自分をひどい目にあわせ、自分に苦痛を与えるもののように思い込む。

したがって他人に対する同情心がないから、他人が自分に同情を寄せても分からない。やさしい心を失い、不人情となる者が多く、自分はあれだけ善行をしたのにこのような境遇になったのだから、彼があの程度のことをして今の境遇にあるのは当然だと思い、甚だしくなると、人も自分と同じような目にあえばいいと考える。

これは日本人に最も多く見られる短所だと思う。僕自身の経験でもあるが、例えば子どもが服やおもちゃなどを欲しがった時、多くの日本人は、自分も子どものころそれが欲しかったが買ってもらえなかった、今の子どもがそんなものを持つのは贅沢だ、と一《いち》言《ごん》の下《もと》にはねつけてしまう。

僕の知人にクエーカー教徒のアメリカ人がいる。クエーカー教というのはとても厳格な宗派で、信者は質素な生活を営み、着る服は黒かネズミ色で決して赤とか青など派手な色は着ない。帽子も小さな目立たないものをかぶり、読む書物も科学や宗教などまじめなもので、シェークスピアやディケンズなどは小説であるから読まないし、一生芝居を見たことがない人すらいる。

この友人に、子どもがおもちゃを欲しがるが、自分の子ども時代には買ってもらえなかったので、与えるのは贅沢だと思う、と話したことがある。

するとこの友人は、「それは違う。自分が子どもの時に欲しかったものなら、今の子どももそれがどれほど欲しいか理解できるだろう。自分がもらえなかったから子どもにも持たせないというのは間違いだ、子どもに買ってやるのは当然だ」と言った。それを聞いて、なるほどと僕は思った。

これは日常の些細な例であるが、逆境に陥った者も、とかく他人が自分と同じ境遇になるのが当然と思いがちなのだ。

母親と子どもを亡くした後の僕の心情

逆境に苦しんだ人がそういう考えになるのは、逆境のため同情心をなくすからである。他人が苦しんでいても、自分だってそれくらいのことは経験してきたのだと同情せず、かえって反発したりする。僕が母親を亡くした後の数年間も、恥ずかしながらそうであった。

僕は十年ぶりに母に会うのを楽しみにしながら、北海道から郷里に帰った。ところが僕が到着した時、なんと母親は三日前に亡くなっていて、すでに昨日、葬儀も終わったという。札幌にも通知は出されていたのだが、僕の出発と行き違いになり、到着後にこのことを知った僕にはまさに青天の霹靂《へきれき》であった。

このことがあった後、母親を亡くしたという人に会っても僕はあまり同情できなくなった。その人の母親の年齢が僕の母親の年より上だと聞けば、亡くなるのが当然であるかのように感じたし、その人が僕より年上ならば、自分より長く母親と一緒にいられたのだと思い、また母親と別れて住んでいた年数が自分より短かったと知れば、死別も当然であるかのように思った。自分よりよいことがあっても羨ましくは思わなかったが、悪いことがあっても同情の気持ちが起きなかった。僕のそうした気持ちは二十年も続いた。

子どもを亡くした時も同様であった。

明治十九年（※原文ママ）に僕は初めて子どもを亡くしたが、その悲しみは長い間癒《い》えることがなかった。口に出して言ってもさほど苦痛を感じなくなったのは、わりあい最近になってからである。こうした自分自身の経験から考えると、世間には同じような人が必ずいるだろうと思う。

そういう気持ちで人と接すると、どことなく冷たい印象を与え、人を評するときにも温かみのない発言をして、自分も不快になれば人にも不快感を与え、接する人の心を冷ややかにしてしまうのだ。

群がる雲の陰には太陽が輝く

「世の中はそんなに甘いものじゃあない」という言葉をよく耳にする。それを言う人は、自分は人生のなんたるかを知った、と思っているのかもしれないが、もっともっと深入りしなければ人生は到底分からないものだろう。

人生はユリ根のようなもので、剝《は》いでも剝いでもまだ中があるようだ。一枚でも多く剝いだ人は、それだけ人生を多く味わった人と言うべきだろう。

剝いで剝いで中心に到達しなければ人生は到底分からないものであるが、途中まで剝いだ人はとかく中心まで剝いだかのように言う。辛い経験をした人は人生の奥もまた辛いものであると早のみ込みをする。今までがこうだったからこうであろう、と判断するのだろうが、それは必ずしも的を射ていない。

僕は、天はもともと人に祝福を与えるものだと信じている。

どんな災難にあい、どんな逆境に陥っても、最後は必ず極楽浄土に至ると確信している。迷信かもしれないが、僕はそう信じている。だから僕は人生を悲観しない。ましてや、自分が母親や子どもを亡くしたという人生の辛さを二つ、三つ味わっただけで、社会のすべてのことを判断するとしたら、それは健全な考えではない。

友人として今まで信頼してきた人間に欺《あざむ》かれると、あれほどの友人すら欺いたのだから他は言うまでもなく欺くだろう、と結論する。信用していた人に金を貸して返済されないとその人間を泥棒だと思い、尊敬していた人が道を踏み誤ると世界に尊敬すべき人間は一人もいないように思う。自分一人の狭い小さな経験を基準にしてすべてを判断する。これは逆境に陥った者が大いに警戒しなければならないことである。

海の下にも都があるという信念を持つべきである。群がる雲の陰には太陽が燦然《さんぜん》と輝いているのだ。

欺いた友人は彼自身後悔しているに違いないし、世間には欺かない友人もたくさんいる。金を返さない人間もいつか必ず返すだろうし、もしこの人が返さなくても、世間には返す人はたくさんいる。尊敬していた人が高い道を歩みながら一歩踏み外したとしても、それでもなお自分よりは高く険《けわ》しいところを進んでいる。こんな風に善意に人生を見るなら悲観すべきことはないように思われる。

事にあたるとき、自分の狭い経験だけから判断しないで公平に大きく広く世間を見渡し、達観するという態度を持ちたい。この心掛けさえあれば、どんな逆境に陥ろうと心を頑《かたく》なにすることはないだろう。

危険六、逆境にある者は心に傷を残しやすい

逆境に耐えてそこから抜け出した人でも、性格的に深い傷を負う人がたくさんいる。逆境を切り抜けるということは人を鍛錬するから、人物は非常にしっかりするのだが、性格的にのびのびしたところがなくなる。つまり骨格はがっしりしているのだが、ふっくらした肉付きがないのだ。しっかりしているが温かみがない。

昔、戦で使う法螺貝《ほらがい》を採るとき、漁師はなるべく傷の多いのを選んだそうである。そのわけは、海底で波に揉まれ叩かれ、あちこちの岩や石にぶつかった貝の方がよい音を出すからだと聞いたが、よい音を出す出さないは別の力によるものであろう。

僕の知人のある老人は、明治維新の時、旧藩のために逆境に陥り辛酸をなめた。明治政府になると、彼は自分の息子に十分な教育を受けさせ、自分が維新当時に受けた汚名

をそそぎたいと願い、子どもの教育費を捻出するため、またあらゆる苦労をした。彼はその目的を達し子どもに教育を受けさせることができたが、しかしそのため心に受けた傷も深かった。世間の人間はみな自分に冷酷で無情であると思い込み、彼自身がとても頑固になり他人に対して同情心を持たなくなってしまったのである。

昨年、僕は眼病にかかり、その時、たまたま上京した親友の宮部金吾博士（※植物学者。札幌農学校教授）が見舞ってくれた。病床にいる僕のために本を読んで聞かせてくれたり、とても愉快に誠実に看護してくれたのである。その時、偶然この老人も僕の見舞いに来ていて、後日、僕に向かってこう言った。

「宮部さんはあんなに親切な人なのですか。一日中友達のそばにいて看護したのはまごころから出たのでしょうか。人前を飾ってそうしているとはとても見えませんでしたが。世の中にはああいう親切な人がいるのでしょうか」

老人は自分が体験した艱難辛苦のため、世の中の人間はみんな冷酷だと思っていたので、あのような親切な行為を見て不思議に思ったようである。

世の中にはこのように心に傷を負った人がたくさんいる。この老人はその後、だんだんに心の傷を修復していった。それには老人の修養もあっただろうが、やはり普段、彼が交わっている人たちがみな親切だったので、ひがんだ心が自然に解けていったのだと思われる。

したがって、たとえ逆境から心に傷を負っても、他人の行為を善意に解釈し、親切を感じることを心掛ければ、傷は自然と癒え、同情の気持ちも持てるようになるだろう。

傷を善用するよう心掛ける

傷を受けた者はこれを善用することを心掛けたい。足に怪我を負い歩けなくなった人は義足を使うという方法がある。義足はもちろん自分の足のように自由自在に使うことはできないが、いくら長座してもしびれがきれる心配はない。腕を失った者は、人と喧嘩しても相手を殴って怪我を負わせる恐れはない。

キリスト教では、「もしあなたの目が不浄なものを喜ぶ心配があるなら、その目をくりぬいて失明して天国に入る方が、目が見えていて罪を犯すより優っている」と教えている。

我々は人生で悲惨な目にあい、夜、人目を忍んで枕を涙で濡らすことがある。そういう経験を持たない者は、おそらく一人としていないだろう。十人中九人どころか十人までもが何らかの傷を負っているのである。富める人も貧しい人も、学問のある人もない人も、地位の高い人も低い人も、傷を負っていない者はいない。

自分一人が辛い思いをしていると思えば、天を怨んだり人を責めたりするようになるが、辛苦は人生につきもので誰も逃れることができないと思えば、これを善用することが可能である。

これはちょうど男についている乳首のようなものなのだ。男の乳首は全く無用のようで、その存在理由は学問的にもまだ明瞭でないが、それと同じように、我々はなんでこんな辛い目にあうのだろうと思い、その理由を理解することができなくても、そこに何かの使命が含まれているのだと信じれば、少なくとも好奇心が生じ、うまくいけば信仰となって、辛苦に耐え忍ぶ力を育てることができる。

第3節

どのように逆境に立ち向かってゆくか

「濡れ毛布のような人」は周囲を白けさせる

どんなことでも人の言うことを悪意に解釈し、ひがんだ心で聞き、人が親切な行為をなしてもその心をくみ取ることができず、かえって冷笑でこれを迎える……そういう人は厭《いや》な奴だと嫌われる。西洋人の言う〝wet blanket〟濡れ毛布のような人で、せっかくの希望や楽しみを台無しにし、今まで楽しく団欒《だんらん》していた席もこういう人が入ると白けてしまい、一人去り二人去りして寂しいものになってしまう。

この人はどうしてこんな人間になったのだろうか。

もちろん生まれつきの性格もあるだろうが、子どものころから逆境に育ち、性格がひねくれて意固地になった者も多い。普通で行けばまっすぐに伸びるところを、逆境という覆いのため伸び損ね、ねじけたのである。

そういう人のことを聞くと厭な気持ちになるが、同時にまた気の毒にも思う。もし自分がその人と同じ境遇にあったら、もっとひどい性格になっているのではないかと、その人がひねくれたことを無理からぬと思うのである。

このような人は、世間は無情で冷酷である、誰も私の気持ちを分かってくれない、苦しんでいる私の痛いところをさすってくれる人がいない、悲しんでいる私に一言慰めの言葉をかけてくれる人がいない、世の中とは実に薄情である、と言って他人ばかりを責める。

これは婦人に多いが、男子にもまた決して少なくないのだ。僕も常に自分を顧みてこの点を反省している。世の中、世間……とはつまりよく知らない人たちのことである。親しくもない世間の人たちが我々のことにいちいち同情を寄せるいわれもない。単に同情を寄せないというだけで、その人が不人情であり不親切であると断定するのも無理なことである。

しかし一歩下がって考えてみれば、それは他人に同情心が乏しいのではなく、自分に同情の気持ちがないから、他人もまた自分に同情を寄せないのである。以心伝心、魚心あれば水心ありで、自分に同情の気持ちがあれば、それは必ず反映して、他人からも同情を寄せられるようになる。自分は世間を怨み嫌う態度をとっていて、どうして他人からのみ愛情を受け取ることができようか。

相手を選ばず痛みを訴える愚

自分が逆境に苦しんでいるからといって、世間の人がどうしてその痛いところを知ることができるだろう。他人が自分の痛みを知らないからといって、誰かれ構わずその苦痛を訴えるのは卑怯《ひきょう》であり、僕はこれを卑《いや》しい根性と呼びたい。往来で道行く人に、自分の不自由になった身体を示し、その不幸を訴えて、何がしかの憐れみを乞《こ》うのと少しも変わりがない。これは卑しむべきことだと思う。

といって、その痛みを全く告《つ》げなければ、自分の痛いところを他人に知らせることはできない。痛いところをさすってもらうことはできない。またさする側もどこが痛いのか分からなければ、頭の先から足の先までをさすり、どこか痛いところには触れているだろうと思うしかない。しかしさすられる側は要らないところまでさすられて迷惑だったりする。

逆境に陥った人が他人の同情を受けたいと望んでも、どこが苦痛なのかを知らさなければ、同情の手は苦痛の箇所にとどかない。あたかも靴を隔ててかゆいところを掻《か》いているようなものである。かといって、卑しい根性を丸出しにして、ここが痛いあそこが痛いと訴えることもできないとなれば、一体どうしたらよいのか。

苦痛は親友にこそ打ち明けよ

卑しい根性は相手構わず泣き言を訴えるのだから感心できないが、親友に逆境の事情を打ち明けるのは決して悪いことではない。真の友のありがたみはこういう時に分かるのだから、むしろ善だと思う。

男子にもあることだが、ことに婦人は知らない人に対しても自分の不幸を洗いざらい告げる傾向がある。独りでくよくよしているより、打ち明けるとその苦痛が分担され軽くなるように思って打ち明ける。なるほど一時は楽になるかもしれないが、相手を選ばず訴えるのは長い月日の中ではかえって苦痛を増すことがあるものだ。

一方、男が思っていることをすべて打ち明けると、世間の人は彼を秘密のないさっぱりした快男児のように褒めたりする。兼好法師も「思うこと言わぬは腹ふくるる業《わざ》なり」と言っているし、僕自身にも何もかも打ち明ける傾向がある。

しかし、秘密がないのが善だというのは無理なことで、どんな人でも秘密を持たない者はいないのだし、それに秘密は悪いことばかりでない。暴露する必要のないものがたくさんあり、自分の心だけにしまっておくべきこと、すなわち宗教的な考えなどはそれである。

逆境に泣いている人が、相手を選ばずにその苦しみを打ち明けることには害がある。もし秘密を抱いていることが苦しいなら、普段、最も信頼している親友に打ち明けるのがよい。

「語るなと人に語れば其人は、また語るなと語る世の中」と言われるとおり、相手構わず打ち明けていると、それが伝わり伝わりして行くうちにますます真相から遠ざかり、かえって自分の心の傷を増やすことになりかねない。

やみくもに騒ぐと禍いに深入りする

人は突然不幸に見舞われると、それがどの程度のものなのか、大きさが分からなくなる。

例えば、足元から急に鳥が飛び立つと、その大きさや形、色など目に入らない。しかし飛び立った鳥と自分の間にある程度の間隔ができると、鳥の大きさや種類までも分かってくる。天災あるいは人による禍いに遭遇した時も同じで、その瞬間は目がくらんで真相を見誤ることがある。そして小さなことを大きく考えたり、大事なのに軽んじたりして、無駄に心を労したりする。

また禍いに見舞われた時、すぐにその始末をすると、その結果が将来まで尾を引いてかえって悪い結果を生じることがあるから、一歩退いて冷静になって対処することが必要である。もちろん、失火とか病気とか、直ちに対処しなければならないものもある。しかし火災の後の始末、家の再建などは考える余裕があるし、病気についてもどう対処するか、よく考えた方がよい。

　僕の友人で、働きすぎから重い病気にかかった者がいた。彼が発病した時、彼の妻は非常に心配して泣き出したが、友人が入院した翌日、「自分も非常に驚き疲れたので、三日間保養に行きたい」と言い、友人を看護の人に託して保養に行ってしまった。三日過ぎると妻は戻ってきて献身的に友人の介護を始めた。結局この友人は全快するまでに三年以上かかったのだが、病気が癒《い》えたのち、妻に「あの時保養に行ったのはどういう考えだったのか」と尋ねると、妻は「あなたの病気が長くかかることが分かり、かつ私もあの時、あなたの病気がショックで吐血しました。看護する大切な役目があるのに自分が病に倒れることがあってはと思い、少し静養して気を静め、あなたの病気にどう対処するか考えたのです」と言った。

　すべて禍いや不幸は不意に起こるものである。慌てず落ち着いて前後を考え、物事の軽重を比較して対処法を考えることが大切である。やみくもに大変大変と騒ぐとますます逆境に深入りしてしまう。

第4節 逆境の善用で精神を鍛える

逆境の善用とは何か

逆境に陥らない人はほとんどいない。そしてひとたび逆境に陥ると、人はその精神に先に述べたような六つの危険な影響を受けやすい。それならば、逆境はひたすらこれを避け、取り除くべきものかというと、僕はむしろこれを善用することを勧める。つまり、逆境そのものを善用して、精神の修養に役立てるのである。

例えば夏の日ににわか雨にあった時、どこかで雨宿りして晴れるまで待つのも一つの方法であるが、降るなら降れという覚悟でいくら濡れても目的地に向かって歩き続け、やがて太陽が出たなら濡れた服が乾くのを待つ、というのもまた一つの方法である。

逆境に陥った時、これを避けたり防いだりするのは悪いことではないが、卑怯な心から逃れようとしたり、禍いを他人にかぶせようとするのはよくない。逆境を耐え忍び、その中から修養を求めるようにしたい。これが、僕が言う逆境の善用である。

『菜根譚』に、

「……君子はただこれ逆に来たる所を順に受け、安きにいて危うきを思う、天もまたその技倆《ぎりょう》を持ちうるところなし」


とあるのは、境遇の順逆はこれを善用する人の心掛け一つで、どうにでもなることを示したものである。

さらに、

「逆境のうちにおれば、周身みな鍼砭薬石《しんへんやくせき》、節《せつ》を砥《みが》き行いを礪《と》いて、しかも覚《さと》らす」


とあるように、失意の境遇にあることは悲しむに足らないことだ、とも説いている。

では、逆境はいかにすれば善用することができるのか、以下に述べてみたい。

善用一、悲しみをともにするという同情心

今日、キリスト教が何億という人々の心に慰めを与えるのは、キリストという人が常に逆境にいて、人生の辛酸をつぶさになめたからであろう。ゲーテはキリスト教のことを「悲哀の神殿（Temple of Sorrow）」と言ったが、これは興味深い言葉である。

いわゆる逆境があるから、我々は他人に対し思いやりの心を持つことができる。もし毎日浮かれ騒いでおもしろおかしく人生を過ごすならば、どうして人に対する思いやりの心を持つことができよう。思いやりの心を持たない者がどうして人情の本当の味を知ることができるだろう。武士はもののあわれを知るといい、これを知らない者はほんとうの武士ではない。

身をつねってこそ人の痛さを知れ、と言うように、逆境に陥りそれがどういうものか知った者でなければ、本当の人情を知ることはできない。

喜びがあれば喜びをともにし、悲しみがあれば悲しみをともにするのは、人情の最も麗《うるわ》しい点である。もっとも世間には喜びを他人と分かちたがらない者がいるが、そうだ

としても別に他人に迷惑はかけない。

これに対し悲しみは、それを他人に分かち合ってもらうことで、十貫目の荷物も五貫目に半減したような気持ちになる。これは社会生活上、最も大切なことであるが、こうした思いやりは逆境を善用することで養うべきことに思う。

アルゼンチンに渡り、日本民族の力を発揮した伊藤清蔵農学博士は、札幌農学校を卒業したのち、一人で東京まで歩いて旅をしたことがあった。真夏の炎天下を歩き、しかも途中病気になって、非常に苦労して東京にたどり着いた。当時、僕は北海道で神経衰弱にかかり病床にあった。

伊藤博士は東京から手紙をよこし、「自分は今まで病気というものをしたことがなく、人が病気だと聞いても全く同情心が起こらなかった。しかしこのたび自分が病気をしたことで、先生のご病気もさぞ辛いことだろうと思った。今回の自分の病気は、先生のご病気に同情させるため天が自分に与えたもののように思う」と書いてきた。

僕はアメリカにいたころ、国からの送金が途絶え、半年近く生活に困ったことがあった。同窓生の中には金を使い放題の者もいたが、僕は小さなものは自分で洗濯し、三度の食事も一度にして後の二食はパンと水だけで過ごした。この経験があるので、苦学生を見ると、金銭的に助けることができなくても、せめて励ましの言葉をかけてやりたくなるのである。

善用二、他人の欠点を許す寛容さ

また逆境を善用することで、他人の欠点を許すことができたり、自分の勇気を養うこともできる。

例えば、交流のある人たちの中には何か気に障《さわ》ったり、嫌な奴だと思うような人がいるものだが、そういう人たちの履歴を調べてみると、ああなるのは当然で、むしろもっと悪くならなかったのは偉い、と思われることがある。

また妙に陰気でろくに口を利かない人には、早くに親を失って他人に虐待されて育ったとか、貧しくて着る物もなく一日二食で過ごしたとかいう人がいて、そういう話を聞くと、もし自分が彼の立場だったらもっとひどいことになっていただろう、彼はよく耐えたものだと、その欠点を当然のこととして許す気になる。自分が不幸な境遇に陥った時には、あの人はあんな苦労に耐えたではないか、自分も耐えられぬはずはないと、自分の勇気にすることもできる。

先日僕が乗った人力車の車夫は、車夫だというのに地理をよく知らない妙な男であった。話を聞くと、彼は以前、東京市内でかなり豊かな生活をしていた商人だった。しかし何かで失敗し、今は車夫として暮らしている。市内には羽振りのよかったころ出入りしていた者や知人がたくさんいるし、それに娘は相当のところに嫁入りしていた。日中、車を引いて知人たちに逢えば、自分が恥ずかしいばかりでなく娘にまで苦労をかけはしないかと、夜間ひそかに車を引いて稼いでいるということだった。

僕はその時、もし自分が彼の立場だったら首をくっていたかもしれないし、やけになって盗みをしていたかもしれない、と思った。

人の逆境を思いやれば心は寛容になるし、自分が不幸に陥った時にもあの人はこう耐えていたと思い出せば、勇気が出て不幸に耐える力が出てくるものである。

善用三、不幸の中に一条の光を見いだす感謝の念

キリスト教では困難や苦しみを十字架と呼ぶ。

イエスは絶えず迫害を受けていたが、生涯で苦しみの絶頂に達したのは十字架にかけられた時である。イエスがこの苦痛に耐えたからこそキリスト教は栄えた。イエスが罪なくしてこの罰を受け、甘んじてその刑を受けたことで、十字架は忍耐勇気の象徴となった。

イエス以前、ローマの法律で磔ほど恥ずかしい罰はなかった。しかしイエスがこの刑罰を受けたため、ローマ時代にキリスト教徒であるため迫害された人たちは、「わたしもあなたと同じ刑に処せられるのは光栄です」と神に感謝したという。

「自分のような取るに足りない者にこのような艱難を与えて試されるのはありがたい。天がわたしを見捨てていない証拠だ。もし天が見捨てているなら、何でわたしを試すことがあるだろう」という考えを持って、艱難に当たり艱難に忍ぶのである。

僕の愛唱している歌に次のような意味のものがある。「十字架を背負ったままで、棘《とげ》の冠をとらぬままでいるのがいい。心の最も尊いものを失って、幸福になることがないように」。

逆境を善用した感心な少女

とても不幸な母娘がいた。母親は娘を連れて遠い地にいる某と再婚した。前年、僕がその地に行った折、ある知り合いを訪ねると、その家で働いていた母親から「娘をどうぞ先生のお手元に置いて使ってください」と頼まれ、十七歳のその娘を僕の家に置くことになった。ところがどうも身体の具合がよくない。診察を受けさせたところ胸に疾患があるという。当人に告げたらさぞ力を落とすだろうとは思ったが、といって東京に置くこともできず、当人を呼んで詳しく健康のことを話した。幸い僕の友人の世話で、慈悲心の深い某氏の病院に入り、働きながら療養することが決まった。出発の朝、彼女を呼んで慰めの言葉をかけると、彼女はこう言った。

「弱い身体に生まれたのは私の不運でどうしようもありません。しかし、こうして病院に入り空気のいいところで療養できるのは、ひとえに先生と奥様のおかげです。終生このご恩は忘れません。しかしまた某学士のお宅で先生にお目にかかることがなかったらと思うと、某学士にも深く感謝しています。さらに某学士のところにお手伝いに上がったのは、私どもがあちらに行ったからで、あちらに行ったのは継父がいたからです。そう考えると継父にもまた深く感謝いたします」

世間には生活を支える金がなく、しかも病身で働くことができない者がいる。こういう人には生活の方法を与えるのが一番であるが、それができなければせめて希望を持てるよう導くことだ。この少女は逆境にありながらそれを善用することに長《た》けていた。ひどい不幸や逆境にあっても、心掛けによってその中に一条の光を見いだすことができる。すべてが苦いと思ってもその中に小部分の甘いものもあるのだ。心掛けのある人はこの甘いものを発見するのである。

善用四、逆境は自他に対する試金石

逆境に陥ると人の心は赤裸々になる。順境にある時は何かと人が訪ねてきたり、また縁もゆかりもない人がわずかの関係をもって親戚だとか親友だとか言ってくる。しかしひとたび逆境に陥ると、知らない人はもちろんのこと、普段、親友のように振る舞っていた者すらも寄り付かなくなる。自分が逆境に立った時、人の心の浅ましさがはっきりと分かる。

キリストが十字架にかけられた時、多くの弟子が彼を捨てて逃げ去ったという。また僕の知るある名士は冤罪《えんざい》で獄に入ったことがあったが、この時、最も懇意で信頼できると思っていた知人すらが、名士を訪れなくなったという。

逆境に陥った時、人の友情は初めて試される。順境なら人々は真偽なく同じに見えるが、逆境に陥るとその本性が露《あら》わになる。「家貧しくして孝子出《い》で、国危うくして忠臣現る」というのと同じである。

西洋の諺に「順境に上り始めると見ず知らずの親戚が現れる」というのがあるが、まさに名言である。普段は全く他人のようで手紙一本くれないが、ひとたび人が金を儲けたり、よい境遇に立つと、たちまち親友になったり、親戚のようになる者がいる。

以前、僕はある人と、当時相当に有名でよい境遇にあった人について話したことがあった。ある人はその有名人を指して何度も自分の叔父であると言ったのだが、僕が、「実はあの人についてよくない噂を聞くので、君が親戚なら忠告してもらえまいか」と言うと、急に態度を変え、「叔父と言ってもそれは義理の……」と疎遠な素振りに変わってしまった。

自分に都合よく利益がある時は順境の人を利用するが、その人が少しでも逆境に向かうとすぐに逃げたり避けたりする。ほとんどの人間はそうなので、逆境は人の心を試すよい機会だと思う。

昔、斉の大公が馬氏《ばし》を娶《めと》った。しかし大公は本ばかり読んでいて家を富ませることをしなかったので、馬氏は離縁を求めて去った。その後、大公が斉の国の諸侯に封じられると馬氏は復縁を求めたが、大公は水を入れた盆を傾け、もしこぼれた水を盆に戻すことができたなら復縁すると言ったという。

夫婦の間ですらこうなのだから、ましてや他の交わりでは境遇のよし悪しで離合があるのは不思議ではない。

その代わり、逆境にあったためにかえって友情が深く結ばれることもある。キリスト教が起こった初期には迫害に次ぐ迫害を受けたので、宗徒の間の団結はとても強固なものであった。

善用五、逆境から得られる超俗的修養

逆境に陥った人で、順境時代の友人から去られた経験のない人はおそらくいないのではないか。他人は自分が頼りにしているほど頼み甲斐のあるものではない。もちろん、捨てる神あれば拾う神ありと言われるように、世間にも善き心を持つ人がいることは僕も固く信じている。しかし、最も頼みになると信じていた人が実に頼み甲斐がなかったと、怨むことが多いのも事実である。

これは最初からそのような人を頼りにしたのが間違いなのである。頼み甲斐がなかったからといってその人を不人情であると決めることはできない。それより、甲斐ない人を頼りにした自分の愚かさを悟るべきなのである。

考えがここまで至れば、その人の思想はかなり高い段階にまで向上したと言えよう。

他人に頼るということは甲斐のないことであると悟れば、思想はすでに高い域に達している。すでに人間以上の境地に入り、俗人の得がたい性格を備えたことになる。

そういう人の言う冗談には味があり、その挙動は子どもらしいいたずらでも罪がない。

同じ行いをしてもどことなく品が違う。

小説『不如帰《ほととぎす》』（※徳冨蘆花の作）には、キリスト教徒の老夫人が主人公の浪子に、自分の悲惨で孤独な一生を語って次のように言うところがある。

「霊魂不死ということを信じてからは、死を限りと思った世の中が広くなりまして、天の父を知ってからは、親を失ってまた大きな親を得たようで、愛の働きを聞いてからは、子をなくしてまた大勢の子をもらった心地で、望みということを教えられてから、辛抱をするにも楽しみがつきました」

これなど先に述べた境地に達した告白であろう。これが常人なら、世をはかなんで自殺するか、天地を怨んだり他人を敵視したり、なんにでも不平を唱えて自分と他人を不快にしたことだろう。

明治の初め、海上胤平《うながみたねひら》という人は紀州に遊び、次のような和歌を揮毫《きごう》した。

「利《と》きもあれば鈍《にぶ》きもありて取りはける
　つるぎに似たるひとごころかな」

すると近くに住む藤田真龍という人が次のように読んだ。

「胤平は二つの太刀《たち》をはけりけむ

利き一ふりと鈍き一ふり」

刀に鋭いものと鈍いものがあるように、境遇にも順と逆がある。これは客観的事実であるが、鋭い刀でも使い手いかんで出刃包丁にも及ばないことがあるし、鈍い刀でも、達人がこれを使えば立派に役に立つ。同様に、逆境も客観的に見れば悲しむべきことであるが、主観的に善用すれば順境にも優ったよい教訓を得られる。

高所から見れば順逆はない

北海道にいたころ、学生の中に貧しい裏長屋に下宿し、粗末な食事をして苦学している者がいた。僕が衛生の面から彼に忠告すると、「わたしの部屋の破れ障子から見る月も、先生の家の書斎から見る月も、月に変わりはありません」と言われ、なるほどと感心したことがあった。

心を冷静にしてこれは何だという態度で逆境を見れば、それが笑うべき薄っぺらな境遇であることが分かるのである。

また数年前、アメリカから戻る太平洋上で、にわかに黒雲が湧きあがり急に暴風となった時があった。船に強くない僕はとても心配したが、二、三十分経つと再び穏やかになった。あまり不思議なので甲板にはい出てみると、船の左側には相変わらず黒雲が渦巻いていたが、右側には太陽が輝いていた。

不思議な現象なので船長に尋ねると、「あの雲はわずかの間あるのだから、少し船を方向転換すればなんの危険もない」と答えた。

逆境も雲と同じで、短い間わずかな周囲を覆うことがあれば、一年、二年ぐらい一間四方、一里四方ぐらい付きまとうものもある。しかし高所に上がって見てみれば、雲、つまり逆境以外に光明を見ることができるのだ。壁を一枚越えれば、順境に出ることができるのだ。後から晴れるにわか雨、つまり狭い短い逆境の中にはまって慌てふためいていると、自ら進んで逆境に入り込むことになる。

したがって逆境にあった時は、これはどういうものか、どのくらいの大きさであるか、何年続くものかを冷静に分析的に考えるのがよい。そのように考えるだけで、逆境からの苦しみを半分以上消すことができる。

古人の言葉に「是非こもごも結ぶところ、聖もまた知ることあたわず、逆順縦横する時、仏もまた弁ずるあたわず」とある。

この言葉どおり、いずれが逆境でいずれが順境かは識別は簡単なようでなかなか難しい。東と西の分かれ目、右と左の合うところはどこなのか、この区別は当事者の心次第ではないかと思う。

自分の境遇に心を奪われている者には、この区別はつけにくい。超然として境遇を見降ろして初めて、どれが順でどれが逆なのかを知り得るのではないか。

こう言うと、境遇というのは自分の周囲を意味するのだから、これを脱すれば境遇はない、だから境遇を脱することは不可能であると言う者がいるだろう。論理的にはそうであるが、たぶん論理以外の精神作用があり、たとえ身は境遇を脱することができなくても、思想は自由自在に飛行できるものではないかと思う。

僕の少ない経験においても、我々凡人が到達できると思う根拠がある。僕は富士山に登ったことはないが、遠くから望んで見たことがあり、その見たことにより誰でも登ることができるという確信がある。脱俗ということもこれと同じではないだろうか。

「やま深くなにかいほりを結ぶべき
心の中に身はかくれけり」

「をりをりは濁るも水の習ひぞと
思ひ流して月は澄むらん」

（『修養』第十章より）

第2章

人生の危機は順境で起こる

人は順境にあると順境の誘惑に陥りやすい。このため、今は逆境だ、と覚悟していた時よりもかえって不幸になる場合がある。僕は順境には五つの危険が潜んでいると思う。

第1節

順境にあるとついつい油断が生まれる

順境とは自分と境遇との調和がうまくいった時

日本の諺《ことわざ》に「油断大敵」というのがあるが、東西の聖人たちはいずれも順境の時の危険性を説いている。キリストは逆境に苦しんだことが多かったが、ときにはいわゆる順境となって世の人たちにもてはやされたこともあった。しかしそういう時には一層自ら警戒していたように思われる。人が油断するのは大概順境にある時である。

では、順境とはどういうことであろうか。

僕は、自分の望むように事が進行する場合を言うのだと思う。つまり、自分と境遇との調和がうまくいった時である。

こうした経験はどんな人にも一度や二度は必ずあるはずだ。西洋の諺に「いかなる犬にもその日がある」（Every dog has its day.）というのがあるように、どんな運の悪い人でも人生で一度は必ず繁栄の時代を持つものである。一生に少なくとも一度は幸福を感じる時があるものである。

人と生まれて秋に逢わない人間はいないと言うが、その代わりに春に逢わない人間もいない。人によっては、私は生まれてから一度も幸福を感じたことがない、と言うかもしれないが、そういう人は自分で不幸を招いているのである。

天は悪人にも善人にも同じ雨を降らせると言うが、これを裏側から見れば、雨は人によって善いものにもなり悪いものにもなる、という意味が含まれている。梅雨は洗濯業者にはいわゆる逆境の時であるが、農民にとっては最も幸福ないわゆる順境の時なのである。人の幸不幸、境遇の順逆はそれぞれの立場によって違うのだ。境遇そのものに順とか逆とかの性質が絶対的に付随しているのではないと思う。

順境が文化の発展を遅らせた事例

順境とは前にも述べたとおり、自分と周囲との関係である。したがって周囲を変えることができなくても、自分の立場を変えることで逆境も順境に転じることができるのだ。しかし我々凡人は、自分の立場を変えることは考えないで、外部の状況や他人を変えることばかりを考える。そして外部を変えることができないと、天がせっかく順境を与えてもそれを逆境視する者が多い。

「月影の至らぬ里はなけれども
　ながむる人のこころにぞすむ」

僕はこのごろメーテルリンク（※ベルギーの詩人・劇作家・随筆家。著作に『青い鳥』がある）の書物を愛読し、若い友人たちにも読むことを勧めている。この人は、人生のいかなる現象も各自の心の働き方によってどのようにも判断できる、と説いている。要するに、自分の態度次第で逆境も順境に変えることができるのである。

生物学者によれば、動物や人類が進化するのは周囲の作用によるもので、それにより性質も形態も変わるのだと言う。形態、性質が変わるのは周囲の環境に順応あるいは抵抗する結果である。気候が寒くなった時、これに抵抗せず寒気に負けていればその生物は死滅するかあるいは弱くなってしまう。

しかし、寒さに抵抗するため建物、衣服、運動などで防寒の工夫をし、長くその抵抗を続けていれば、それがやがては身体に変化をもたらし、耐寒性を強めるのである。

人生の進歩は境遇に対峙して初めて起こるものである。だから、自分の奮闘力を引き起こすものは逆境でなく順境と言うべきであろう。

乱暴に言えば、寒さは最初のうちは身体に逆境と言うべきものであるが、精神の発達と身体の健康のためにはむしろ順境と言うべきなのである。アフリカの文化が遅れているのは気候が熱帯のため衣食に困らず、身体のためには順境だったからである。よい気候がかえって彼らに逆境をもたらしたと言える。

これに対し、欧州人が今日のように繁栄するようになったのは、天候が寒冷なためこれに対抗しようといろいろな工夫をめぐらし、身体を鍛錬し、この寒冷な気候を善用して順境にしたからである。これは何万年も前の真理であるばかりでなく、今日においてもわきまえておくべきことである。

たびたび言うが、転んでもただでは起きないという諺をよい意味で応用したい。辛いことと苦しいことに遭遇したら、これは天が自分の力を試す機会を与えたものだ、この機会を利用して腕を磨こう――そう思えば百難もなんのそのという気持ちになる。この勇気が起これば、辛苦に耐えることがかえっておもしろくなり、逆境は怖くないばかりでなく順境のように思えてくる。

着眼点によっては不満も愉快の種となる

先年、僕がカナダに遊びに行った時、友人が地方の農業を見せると言って馬車で案内してくれた。

新しく開かれた道は雨上がりでぬかるみ、馬車の車輪は泥にとられて乗っていても辛いほどであった。あたりは一面の広野で人家もなければ人影もない。しばらく行くと、荷車を引いた農夫に会ったが、彼も車輪が泥にはまりとても難儀をしていた。

僕がその農夫に「こんな土地で農業をするのはずいぶん大変だろう」と言うと、農夫はすぐに一握りの土を手に取って、「この土ですから何でもできます」と言った。彼は道路の悪いことなど意に介さず、ただ土地が肥沃《ひよく》なことを喜んでいたのである。目のつけ方が僕とは違っていたのである。

普通の人間が不満とすることも、着眼点を変えれば、愉快の種とすることができる。僕が北海道にいたころ、兄弟で苦学していた学生がいた。彼らの健康が心配になり注意をすると、「他の学生は一人で勉強しているが、僕たちは二人だから楽しい。一つのランプの下で机を挟んで勉強を競うのは楽しいものです」と答えた。

普通の考えなら、自分はともかく弟まで苦学するのはかわいそうだと思い、また暗いランプすら二人で共用しなければならないとは、と言って不平不満を訴えるところである。彼らはその境遇を善用していたと言える。

第2節

順境にある者が警戒すべき危険

危険一、順境にある者は傲慢になりやすい

人は順境にあると順境の誘惑に陥りやすい。このため、今は逆境だ、と覚悟していた時よりもかえって不幸になる場合がある。僕は順境には五つの危険が潜《ひそ》んでいると思う。

順境にある人は傲慢になりやすい。人に褒められると、今まではそれほどにも思っていなかったのに、妙にのぼせ上がる。人が自分のことを学者だと言うと自身も本当に偉い学者であるかのように思い、人から才子だと言われると自分も才子であるかのような気がしてくる。

そうして単に自分を偉いと思うだけではなく、他人を見下し、高慢な口の利き方をし、

他人のアラを探すのを何とも思わなくなる。自分が人に対して無礼な振る舞いをしても何とも思わないが、人が少しでも無礼をすると非常に威厳を傷つけられたように思う。

このような例は世間にいっぱいあり、ほとんど毎日のように目にすることである。そしてその変わりようの急激なことは、まるで別人を見るようである。

昨日まで困窮して卑屈だった者が、ひとたび辞令を受け取ると肩で風を切って歩くようになる。このような例は役人などに多く、ことに小役人に多い。もちろん役人だけでなく、いかなる職業の人間でも少し持てるようになるとこうした傲慢心が起きやすい。度量の小さい人間は特に逆上の度合いがひどいようである。

危険二、順境にある者は怠けやすい

順境にある人は仕事を怠《なま》けやすくなる。ここまで来たのだからまあよいか、と自分で安心して仕事を怠けるのである。

これはあらゆる階級で見られる現象だが、若い学者を例に取ると、相当の地位を得るまでは非常に勉強もするし、熱心に研究もする。ところがいったんある程度の地位に到達すると、急に大家になりすまし書物も読まなくなり、研究も怠けがちになる。学者は勉強、研究が第一の道楽であるから誘惑もそれほど多くないが、他の職業の人は一層このような習癖《しゅうへき》に陥りやすい。

しかし、自分でも怠けることは悪いと気付いていて、自分がここまで来るにはこれこれの苦労があったなどと苦心談をしたがる。今の怠りを、これまでの努めで補おうとするのである。

こういう順境の人に対しては周囲もまた「あなたもここまで来たのだから、もうそんなに頑張らなくてもいいでしょう」などと言って怠けることを勧める傾向があるのだ。

危険三、順境にある者は恩を忘れやすい

順境に到達したのちも受けた恩を忘れないでいることは大変に難しいことである。

喉元過ぎれば熱さを忘れるで、逆境にいるときはその受けた恩を忘れないものだが、順境に達し得意になると、以前の苦しかった記憶がだんだん薄れていき、受けた恩も忘れがちになる。

人間は、今日の順境に至ったのは他人の力ではない、すべて自分の力でできたのだと、功を自分のものにしたがる傾向があるのだ。

例えば、とても困窮していた時に知人を訪ねて職を斡旋《あっせん》してくれるように頼んだとする。知人は自分では職を斡旋できないので、紹介状を書いたり有力者に頼むなどしてとにかく職につけるようにしてやる。ところが幸いにも就職することができ、その後順境に進んでいくと、かつて知人から紹介状を書いてもらったことや有力者を紹介してもらったことを忘れ、まるで自分一人の力で今日に至ったように思うのだ。

もちろんこの人にも力があったから順境に至ることができたのだが、その発端は知人の紹介である。しかし「あの人は手紙を一本書いてくれたにすぎない。十分とはかからないだろう」とか「あの人が奔走したといっても二、三日車で走ったにすぎない。そのくらいのことは当然だ」と考えたがるものなのである。

もともと人は他人が自分のためにしてくれたことを安く見積もり、自分が他人にしたことは過大に計算したがるものである。功績を自分に帰し、恩を安く見積もりたがるのだ。

先日、名古屋で徳川家の宝物を見た時、その中に家康公陣中の肖像というのがあった。

どこかの戦場での光景を描かせたものだろう、烏帽子《えぼし》をかぶり、床几《しょうぎ》に腰掛け、手を組み合わせて物思いにふけった姿である。家康公は常にこの掛け軸を傍らに掛けさせ、往年の苦しい戦いを忘れないように心掛けたという。

家康公とは程度の差があるが、僕もまた同じような心掛けがないでもない。

僕は苦学と言うほどのこともなかったし、生活もそれほど貧窮はしなかったが、それでも子どものころは今なら簡単に買える物も買うことができなかったし、今よりは逆境にあった。それで築地界隈に行くと車から降り、学校に通った幼かった時代を思い出しながら、菓子屋、洋品店、書店の前を歩き、今日とにかく不自由を感じずに生活できていることをありがたいと思うように努めている。

危険四、順境に進み始めた者は不平家になりやすい

人は順境に向かうと不平を漏らしやすくなる。こう言うと、前に傲慢になると言ったことと矛盾するように聞こえるかもしれないがそうではない。

フランス革命について書いた本を読んでいた時に、次のような記述を目にしたことが

ある。

「あの有名な出来事は、一般にはフランス国民が非常に困窮し、その苦しさのあまり残酷な企てをしたと説くのが普通であるが、当時の歴史を詳しく調べてみると、実際にはそうではない。フランス国民が困窮していたのは革命以前のことで、当時の状況は多少なりと改善に向かいつつあった。教育も進み、産業も発達しかけていた。革命はこういう時に起こったのである。頭も上がらぬほどの圧制を受けてグウの音も出ない時には革命の起きる余裕もない。革命が起きるのは、国民が元気づいて血が熱くなった時なのである」

個人の場合も同じではないかと思う。

人は逆境にあると不平を言わないわけではないが、その声はとても小さくつぶやく程度である。内側の不平を外に表すだけの元気がなく、ただしおたれている。

しかし、少し順境に向かいかけると不平の声をあげ、行為にも慎《つつし》みを欠き、順境に向かっていることをありがたいと思わず、何だこれくらい、と自分はもっともっとよくなる権利があるかのようにわがまま勝手を言い出すおそれがある。

危険五、順境に慣れた者は調子に乗りやすい

順境に立つといわゆる調子に乗るということがある。順境になると不平不満を言い出すと前に述べたが、これがさらに一歩進むと調子に乗り、しなくてもいいことをする、あるいはしてはならないことに手を出したりする。また、前からおもしろく思っていなかったうっぷん晴らしに人を害することをしたり、単純な考えから人生はくみしやすいと侮《あなど》り、軽率に事を企てたりする。これは若い実業家などによく見られることである。逆境時代には非常に注意深く慎重であったから、この人なら大丈夫だろうと尽力してある地位を与えると、たちまち得意になって要らぬことにまでくちばしをはさみ、慎みを忘れる者がいる。

機会に乗ずるという言葉を乱用して調子に乗ったため、せっかく順境になりかけていたのにたちまち逆境に転落してしまう者は多い。

第3節

どのように順境に対処するか

順境の誘惑を断ち切った家康公の遺訓

徳川家康公の遺訓は広く世に知られているし、また和田垣謙三法学博士によって流暢《りゅうちょう》な英語にも翻訳された。その全文を左に書いてみよう。

人の一生は重荷を負うて遠き道をゆくがごとし。急ぐべからず。不自由を常と思えば不足なし。心に望み起こらば困窮したる時を思い出すべし。堪忍は無事長久の基《もとい》。怒りは敵と思え。勝つことばかり知って、負くることをしらざれば、害その身にいたる。おのれを責めて人を責むるな。及ばざるは過ぎたるよりまされり。

僕はこの遺訓を味わうのに三つの段階があるように思う。第一は書かれているとおりに簡単明瞭に理解するものである。なかなか味わい深いところがあるが、浅く考えても理解することができる。「なかなかよくできてますね」というぐらいの批評が、この段階における最も一般的な解釈である。

ところが数年前、ある会合で島田三郎氏（※明治期の政治家）と一緒になると先生は次のように言われた。

「わたしはあの言葉がとてもよいと思って海舟翁にお願いして揮毫《きごう》していただき、部屋に掛けて毎日眺めているのだが、このごろになって、どうもこの言葉には消極的なところがあるように思えて、物足りなく感じるようになった」

僕はこの言葉を聞いたとき、今まで自分は気付かなかったがもっともな説だと思った。そして先生の説に敬服し、人にもそう語ったりした。これは二段階目に進んだ解釈だろうと思う。

しかし最近になって、僕はもう一歩進んだ解釈があるように思ったのである。家康公ほどの地位に昇らなくても、いわゆる成功した人、つまりたくさんの逆境をくぐりぬけたのち、長く順境にいた人にして初めてあの教訓が出るのではないだろうかと思ったのである。

この教訓には「順境を乱用するな」という意味があり、「消極的に逆境を利用せよ」という意味があるとともに、一方で「順境を善用せよ」という意味も含まれていると思うのだ。これは長い間順境にいて、順境の誘惑を感じた者でなければ言いきることのできない言葉であろう。

家康公は周知のとおり、三方ヶ原の戦いに大敗し自殺しようとしたこともあり、そのほか関ヶ原の戦いなど大小幾百の戦場の苦しみを経験した。その後天下を取り権現様《ごんげんさま》と呼ばれ、千代田城に住み、もはや天下に敵なしという時になってあの言葉を発したのである。

したがって、逆境にあった上に多少順境の味を経験した人でなければ、あの言葉の中にある積極的な教訓を察することができないのではないかと思う。

僕は島田先生ほどの名声も経験もないが、山の麓《ふもと》にいてはるか上を仰ぐと、ぼんやりとではあるが島田先生の解釈よりも一層高い解釈があるように思われるのだ。

順境の人は絶えず水を掻《か》く鳥の如し

家康公も順境に達しただけでは満足せず、順境にいる者の義務を決して忘れなかった。この義務を行うことが、人が動物と異なる証しなのである。

順境に達していない者から見れば、順境にある人は好き放題ができるように思われるが、その裏を見ればかえってますます努力しているものである。水鳥が絶えず足で水を掻《か》いていなければならないように、寸暇を惜しんで働いているのである。

なぜかというと一つの名誉を与えられるとそれに伴う責任が増し、二つ与えられれば二つというように、上がれば上がるほどそれに伴う責任はますます重くなるのである。

小さい例であるが、僕の実父は維新前、藩の留守居役という役人であった。今日でいえば全権公使のような役目で、藩の代表者として京都や江戸などに駐在し、他の藩との交際を円満に保つことを任務としていた。維新前のことであるから、留守居役は絶えず花のちまたに出入りし、毎晩のように宴席に出る。

父の友人の一人が羨ましがり、おもしろいだろうと言うと、父は「こんな辛い役目はない。自分は馬鹿なまねをして人を油断させ、酔っていなくても酔ったふりをし、嫌な酒も飲まなければならない。無理に飲んで酔っ払えば終わりである。こんな心の許せない役目はない」と言った。酒を飲むことが順境にいるというのではないが、ちょっと見ておもしろそうな境遇にいる人の心もこんなものだろう、と思うのである。

当たり前であることが実は望ましい

やせ我慢に聞こえるかもしれないが、僕はいわゆる王侯貴族や巨万の富を持った人々を気の毒に思うことがある。

決して逆境にいるのがよいなどとひがんだことを言うつもりはなく、逆境は抜け出すべきものであるが、しかしいわゆる世間で言う順境もあえて羨むほどのことではないと思うのだ。日に三度の食事をとることができ、寒い時には暖かい服を、暑い夏には涼しい清潔なひとえを身につけ、年に一、二度、旅行するくらいは素晴らしい順境にいる者でなくてもできる。雨露をしのぎ平穏な生活を送ることは、特に大きな屋敷を構えなくてもできる。

こういう状況は順境にいると言えば言えないこともないが、むしろ順境の人でも逆境の人でもなく当たり前の人であり、そういう境遇が望ましいし努めて得たいと思うのである。

裏長屋に住んでいた人が少し金回りがよくなって表通りに引っ越すと、世間は「あの人も少し運が向いて来た」と言うし、三階建てのれんが造りの屋敷に住み、馬車を抱えていた人が木造の二階屋に越せば、「あの人も下り坂になって来た」と言う。

前にも述べたが、境遇の順逆というのは絶対的に存在するものではないが、世間はおおむね外観によってそれを計る。そして自分もまた世間の体面を標準とするから、衣食住に不足なく満足すべき境遇にありながら、逆境にあると思ったりするのである。

境遇がよくなると心の内が悪くなることはよくあることで、財産が増えればますます貪欲になり、病気が癒《い》えればますます欲望が強くなることは誰にでもある。

順境が進むにつれて心が堕落する

昔話だが、ある大金持ちが重い病気にかかりほとんど助かる見込みがなくなった。そこで金に糸目をつけず遠方から名医を迎え治療を頼んだ。その甲斐あって病気はどんどん快方に向かい、あと数日で床上げできるところまできた。

金持ちは番頭を呼び「金を五千両包んで医者にお礼してもらいたい」と言うと、番頭は「五千両は多すぎます。そんなにあげる必要はありませんし、そんなに急ぐ必要もないでしょう」と答えた。

すると金持ちは、「回復の見込みがないと言われた時は、病気が治るなら全財産を投げ出してもいいと思った。医者が来て回復の見込みが出ると十万両出そうと思ったが、翌日またよくなると七万両でよいだろうと思い、病気がよくなるに連れて医者へのお礼の金額がどんどん少なくなってきた。もし全快すれば五千両はおろか百両でもどうかと思うだろう。そうなってはいけないので今お礼がしたいのだ」と言った。

人は少し順境に進むと勝手な考えを起こすものである。この禍《わざわ》いが取り除けたらどんなことでもすると思っていても、いざ状況がよくなると、禍いを取り除いてくれた人に対する感謝の念が失せ、同時に欲心が出てきて惜しくなかった金が惜しまれ、ほとんど捨てることのできた名誉が欲しくなるものである。

順境に進むにつれ心が堕落することはよく目にすることである。

僕が菅原道真公を物足りなく思う理由

僕はまだそこまで到達できていないが、順境、逆境の区別は外に置くのではなく内に求めたいと思っている。世間には財産を失い名誉を傷つけられても重荷を下ろしたように喜ぶ者もいるし、高い地位から突き落とされてもかえって身軽になったとニコニコしている者もいる。このことに関連して、僕は菅公《かんこう》（※菅原道真）に物足りなさを感じるのである。

僕は菅公が好きで、折があると大宰府《だざいふ》を訪ねて梅を見たりして公の徳を慕っているのだが、その生涯にあまりにも悲嘆が多い点が敬服できない。

大宰府に流されたのはむろん辛いことであり、最愛の妻子と別れたのはさぞ寂しいことだったろう。しかしあれほどの人なのに、あの境遇をもう一つ善用できなかったのかと物足りなく思うのだ。一方、菅公ほどの人であっても逆境に陥れば悲嘆のうちに年月を送るのだと思えば、我々凡人はよほどの心掛けと覚悟を持たなければ逆境を善用することはできない、という戒めにもなる。

逆境にある人のために幸福だと思うのは、いわゆる逆境を順境に変えるのに外からの力はあまり必要ないということである。自分の立場を変えさえすれば、十中八、九境遇の順逆は変えられる。

「粗食を食らい水を飲み肱《ひじ》を曲げてこれを枕とするも楽しみその中《うち》にあり」と昔の人が言ったとおり、楽しみは外形にあるのではなく、内側の心の作用より生まれるのである。

人生の禍福はすべて自分の心がつくり出す

菅公は常に身の不幸を嘆いていたが、同時に梅を楽しみ、また都にいた当時の記憶も幸福の源としていた。楽しみは「夕顔棚の下涼み」である。夕顔棚の下の日陰も立派な屋敷の屋根の下の日陰も日陰に変わりはないが、夕顔の風雅を解さない者はただ大工左官のつくり出した屋根の下のみを順境とし、棚の下を逆境とするであろう。

このように順逆の基準を外に置かず内に求めるよう努力すれば、世の中に失望する人も不平を訴える人もなくなり、人生の憂苦は七、八分どおり消えるのではなかろうか。

『菜根譚《さいこんたん》』には、

「人生の福境禍区《ふっきょうかく》はみな念想よりつくりなす。ゆえに釈氏《しゃくし》言う、利欲熾燃《りよくしねん》すればすなわちこれ火坑《かこう》、貪愛沈溺《どんあいちんでき》すればすなわち苦海となる。一念清浄なれば烈焔《れつえん》も池《ち》となり、一念警覚《けいかく》すれば船彼岸に登る……」

とあり、人生の禍福の境地はすべて自分の心がつくりなすものだと教えている。

心を動かさず平坦に進むべし

順境とは順風満帆、得意になって進むさまを言うのだが、いかに順風であるからといって水夫はただ風任せにするということはしない。風の吹くままに流れていくのなら、ほかの船も同じ速度で同じ方向に進み、そうなればいかに海が広くてもある部分にだけ船が集まってしまい、争いを起こすことになりはしないか。

両雄並び立たずというのも、得意な大将が二人、順風に帆をはって同じ方向に行こうとするから並んで行かれないことを教えたものである。

したがって、いかに順風といっても上手に舵を取り船を導くことを心掛けなければならない。また風は帆だけに当たるのではなく水にも当たって波を起こすから、舵を上手に取るとともに波にも注意しなければならない。特に行く先を忘れないようにすることは大切である。

恵心尼《えしんに》という人の歌に、

「乗り得ては櫓櫂《ろかい》もいらじ海士小舟《あまおぶね》
　片瀬の波のあらん限りは」

というのがある。自分の目的とする方向に進む船に乗ることができ安心した、もう櫓も櫂もいらない、順風に身を任せた、という意味だろう。

これに対し、了庵《りょうあん》禅師は次のように歌を返している。

「乗り得ても心許すな海士小舟

片瀬の波に浮沈《うきしづみ》あり」

つまり、順風のうちにも浮き沈みがあることを覚えていなさいと言っている。この浮き沈みは順風があるために起こる波の作用である。

また僕の経験談になるが、僕は若いころ、洋行することを一番の理想としていた。いよいよ希望が叶い、横浜からアメリカ行きの船に乗り込んだ時は天国に行くような心地がした。汽笛とともに船が港を出た時は順風に乗ったようにとても得意だったが、湾を出て数時間経つと、船が揺れ始め二、三日間は船酔いで食事もできないほど苦しんだ。ああ、こんなに苦しいなら日本を出なければよかったとすら思ったのだが、しかし他人から見れば、あの人は順風満帆、一時間に何マイルという速さで進んでいると羨ましく思ったことだろう。しかし得意に思われた僕自身は船中でひどく苦しんでいたのである。

外から見て確かに順風の中にいるように見えても、順風に乗って進むのには一方ならぬ苦労が必要なのだ。その間の浮き沈みに船酔いしないよう、上にあがっても得意にならず、沈んでも怒ったり人を怨《うら》んだりしないよう、心を動かさずに平坦に進む——それがいわゆる順風に対処する秘訣だろう。

孟子はかつて心を動かさぬと言ったが、これは境遇のいかんによって心を動かさないの意味である。凡人でも修養によってはここまで到達できると確信している。

（『修養』第十一章より）

第3章

決心を継続していくということ

人が注意を払わないような些細なことでも、気を付けていれば継続心を磨く材料になる。「ここだな」という観念に気が付かずに見過ごしてしまうような小さな行いの中にも、偉大な原則が含まれているのだ。そうした小さな行いを継続しているうちに偉大な原則が会得されるのではないかと思う。

第1節　決心の継続は大事をなす基

発心はたやすいが継続は難しい

志を立てること、なにかを決意することは、誰でも幾度となく経験することである。「なになにをしよう」とか「これこれの人になろう」とか言うのはいずれも決意である。また後悔というのは他の一面から見ると、今後はもうするのはよそう、もう考えるのはよそう、というようにこれもまた決意なのである。

しかし、この決心を継続させることはなかなか容易なことではない。最初は勢いに乗って熱心にやっても、たいてい途中で厭《いや》になるものである。習い性になるまでには必ず緩む時がある。一つの具体的仕事を、途中で厭にならずに最後まで成し遂げることは極めて稀なことである。

例えば小さいことだが来月から日記をつけようと決意しても、これを一年間継続するのは容易なことではない。まして十年、二十年、あるいは一生継続することはとてもとても難しいことである。また読書をしようと部屋の模様替えをし、机の配置などを変えたりして決意を具体的に表しても、長く続けることは難しい。なにかまとまったものを書こうとしても八、九分ぐらい書くと厭になり、いっそ中止しようかとさえ思う。

ゲーテの至言「急がず、休まず」

知人にドイツのある大学で教え、著書もたくさんある有名な教授がいる。前年、この教授と会談したとき、教授もまた「書物を書き出して半ばを過ぎると厭でたまらなくなる。中止しようとさえ思う。これを我慢して書き続ければいつかは完成するものだ」と言われた。

大概の仕事はもう一息というところで厭になりがちなものである。厭になって中止してしまえば、それまでにしたことも無駄になる。そこを辛抱して続けさえすれば、必ず目的は達せられるのだ。

誰でも決心をしない者はいないのだが、それを永続させるのが難しい。凡人にとって困難なだけではなく、古来の英雄にとってさえそうなのだ。

西明寺時頼《さいみょうじときより》も、

「幾たびか思ひ定めて変《かわ》るらん
　　　頼むまじきは我心《わが》なり」

と詠んでいる。この人にしてそうなのだから、ましてや凡人には最初の決心を継続し貫徹することがいかに難しいかが分かるであろう。

徳川家康の遺訓に「人の一生は重荷を負うて遠き道をゆくがごとし」というのがある。重荷を負うことは大きな苦しみである。それも一時だけ背負うなら大概の人にはできるだろうが、重荷を負ったまま遠くまで行くことはとても苦しいことだ。

家康のごとき英雄であっても、継続することの困難と必要を認めてこれを説いたのであろう。

「怠《おこた》らず行かば千里《ちさと》の外《ほか》も見ん
　牛の歩《あゆみ》のよし遅くとも」

と古歌にあるとおり、牛の歩みのように遅くてもいいから、一歩一歩と進み続ければやがて必ず千里の遠きに到達することができる。ゲーテにも「Ohne Hast, ohne Rast（急がず、休まず）」という言葉がある。

休まずたゆまずやりさえすれば、いつか必ず目的に到達するのだが、人はとかく少しの障害にあうと目的を変える。最後まで辛抱してやり遂げようとする決意に乏《とぼ》しいのだ。

志は経糸《たていと》、日々の実行は緯糸《よこいと》

大事を成し遂げるにはこの継続心がなければできない。

春の野には数知れない若菜が芽を出すが、そのうち秋になって実をつけるものはどれほどあるだろう。どんなに技量がある者でも、最初に立てた志を継続して行わなければ、そのことは決して成功しない。

少年のころ、孟子は家を出て先生のもとで学問をしていた。しかし学問を全うしないうちにふらりと家に戻った。この時孟子の母はちょうど機織《はた》りをしていたが、孟子が戻ったのを見て喜び、「学業はもう修了したのですか」と尋ねた。孟子が「いえ、まだ修了していません」と答えると母親は血相を変え、突然はさみを取って自分が織りかけていた機を真ん中から真っ二つに断ち切った。孟子が驚いて「どうしてそんなことをするのですか」と尋ねると、母親は「お前が今、中途で学問をやめて家に戻るのは、私が今この機を断ち切ったのと同じである……お前のふがいない有様を見てとても残念です」と言って涙を流したという。

僕はこの話がとても好きである。ゲーテも『ファウスト』の中で、「われこそは人生の潮の流れに、活動の嵐のうちに、波となりて起き伏し、梭《おさ》となりて織り出し、死生無《しせいむ》窮《きゅう》の大海に出入し、飛び交う糸の息《いこ》わぬにも似たり。燃え立つごとき人生も、かくて光陰《つき》のうそぶく機をもって、神の着給う生ける衣を織り出《い》だす。これぞわがなす業《わざ》なるぞ」と述べている。

人生を織物にたとえるのは僕の大好きな思想である。青年が志を立てるのは経糸《たていと》を調《ととの》えると同じで、人生のどこからどこまでをどのような模様に織るかという方針を定めることである。しかし経糸だけでは織物はできない。緯糸《よこいと》が経糸と交わることで初めて美しい織物ができるのである。一本ずつの糸も毎日これを織っていけばやがて立派な織物となり模様ができる。

同様に志も毎日継続していかなければ物にならない。経糸緯糸があって織物ができるように、志と毎日の実行があって初めて目的が達成されるのである。

日本人は元来、物事に飽きやすい国民である。したがって事に当たっては最後まで継続する決心をし、それを実行するよう修養しなければならない。

疑いが起きてもどんどん進め

形のあるものについてもそうであるが、形のないもの、例えば宗教上の信念なども中途で疑いが生じることがある。神仏に祈り信仰を強め、いよいよこれからという時になって様々な疑いが起こる。こんなにたくさんの疑いが生じては到底信仰などできないからやめようかとすら思う。最近の科学に照らしてみると、疑いが学理に合っていることもあり、その場合は今まで正しいと信じて来たものは迷信であるかもしれないのだ。

僕もかつてそのようなことに苦しんだことがあった。しかし僕は、迷信でもかまわない、疑いが生じ信念があやしくなった時でもかまわず信仰を続けていくのがよいと思っている。信じる努力をし信仰していくうちに、疑いもいつか解けてくるものだ。

だから僕はある時、宗教は意志の働きだという話をしたのだが、これを聞いた人たちはそれはひどい、その説は納得がいかない、どういう意味だと異議を唱えた。

異議が起こるのは当然だと思うが、しかし僕の実験では、信仰は疑いが起こっても継続していきさえすれば必ず解決に到達する。僕はそう信じている。

そして、疑いに耐えていくのは、ひとえに意志の力なのである。

第2節

決心を継続するためにすべきこと

志を継続するには志を記憶せよ

毎月、毎日、あるいは一日の内に三度も四度も自分の立てた志に注意を向けなければ、どうしてもそれは怠りがちになる。習慣は天性をつくると言われるように、毎日幾度となく志に注意を向ければそれが習い性となり、それがすなわち志を継続させることになる。

最も必要なことは、常に志を忘れないよう心にかけて記憶することである。

フランクリンは十三の徳を定め、これを継続して実行するため、小型の手帳に縦横の線を引いた。そして上に一週間の七つの曜日を書き、右側に実行を決めた十三の徳を列記した。毎日の行いを反省して過失のあった時はそこの曜日に黒丸をつけ、一週間を調べて一番目の徳に過失がなかった時は、二番目の徳に移った。十三週で十三の徳を行い、これを一年に四度繰り返したという。

似たような話は日本にもある。長門《ながと》の国、萩藩に滝鶴台《たきかだい》という有名な儒学者がいた。同じ藩の某には評判の醜《みにく》い娘がいて、あまりに器量が悪いので誰も嫁にもらおうとしなかった。両親は娘をかわいそうに思い、「お前ももう年頃で嫁に行かねばならない。お前に希望があればどんなに身分の低い者でもよいから遠慮なく述べよ」と言った。

すると娘は「わたしは鶴台先生のほかには嫁《とつ》ぐ気がありません」と言った。

普通の人間ですら嫁ぐことの難しい有名な先生にどうして娘が嫁げようかと両親はあきれたが、「なぜ先生のところに行きたいのか」と尋ねると、「先生に嫁いで学問をしたい」と娘は答えた。この話がいつしか鶴台の耳に入り「この女性こそ本当に自分を知っている者だ。きっと家のこともしっかりやって夫を助ける賢い女だろう、よし私がもらおう」と言って、娘はめでたく先生と結婚した。先生の予想にたがわず、この女性は夫によく仕え、よく働き、家のことすべてをきちんとこなした。

ある日、この女性のたもとから赤糸を巻いた毬が転げ落ちたので、先生が不思議に思って尋ねると女性はこう答えた。

「わたしは普段、善事を行おうと心掛けていますがなかなかうまくいきません。それで赤白二つの毬を用意し、善い行いをした時は白い糸を毬に巻き、悪いことを考えたりしたりした時は赤い糸を毬に巻きつけています。毬の大きさを比べて悪いことを避け善いことをするよう努めているのです」

僕がここで言いたいことは、一度立てた志はたびたびこれを省《かえり》みて忘れないようにしろ、ということである。忘れなければ志は継続されるものである。

「ここだな」という観念

札幌で教えていたところ、学生と一緒に「ここだな」という観念を持つようにしようと相談し、この「ここだな」という言葉が学生の間で一つの術語のようになったことがあった。

心理学、倫理学から論じれば、善と悪の区別をはっきりさせることはなかなか難しい。しかし、日常の事柄については善悪の判断に迷うことは極めて少ないはずである。人の物を盗る、陰口をきくは悪であるし、人の役に立つ、恵みを与えるは善である。これくらいのことは誰でもいつでも判断がつく。判断がついたら、善い考え善い行いは実行に移す。そして実行に移す時、「ここだな」と力を入れて行う。

また、怠惰に流れそうになったら、自分が日ごろ戒《いまし》めているのは「ここだな」と反省する。どんな些細なことでもよい。自分が志を立てたことに接したら「ここだな」と思いさえすれば、志は継続され目的を達することができるはずだ。

小さなことを行うにも大きな原則を応用すれば、いつしか原則の極意に達することができる。ソクラテスが兵士として戦場に出た時、将兵全員が喉が渇き、水を飲みたがっていた。幸い清流に出くわし、みんなわれがちに川辺に走って争って水を飲んだ。ソクラテスはこの有様を見ていたが、ついに水争いの仲間には加わらなかったという。

このようなことでも、克己《こっき》を実践するのは「ここだな」と思えば克己は継続され、いつしか自分のものとなる。

人が注意を払わないような些細なことでも、気を付けていれば継続心を磨く材料になる。「ここだな」という観念に気が付かずに見過ごしてしまうような小さな行いの中にも、偉大な原則が含まれているのだ。そうした小さな行いを継続しているうちに偉大な原則が会得されるのではないかと思う。

老人が車を引いて坂を登るのを見たら後ろから押してやる。その時は同情という偉大な原則が胸に蔵《ぞう》されている。道の途中で葬式にあったら一礼をする。赤の他人に礼をする必要はないと言う者がいるかもしれないが、人として最後の時なのだから一礼に値するという考えで礼をする。

こうした些細なことでも実践を続けていけば、その中に含まれる原則が自然と会得されると僕は信じる。

継続で臆病を克服した武士

一つのことに具体的に熟達すると、それがどんなに些細なことであっても、自ずと他のことにも通じるものである。事物はそれぞれ別々のもののように思われるが、その間には内にも外にも表れない緊密な関係があって、実際はすべてに共通しているものがあるらしい。したがって一をもって十を貫くことができるようである。

昔、とても臆病な武士が長屋に越してきた。隣の住人である商人がやってきて、「わたしは剣術をたしなむ者ですが、一つご指南をお願いしたい」と言った。すると武士は「わたしは二本を差した武士ではあるが、実際には剣術の心得がない。恥ずかしながら家は貧乏士族で武芸を学ぶことができず、また生まれつきとても臆病でついに武芸を学ぶことがなかった」と述べた。しかし商人は、「それは謙遜で、わたしはあなたが武芸に熟達していることを承知している」と言って聞き入れようとしない。

武士が「どうして私が武芸に熟達しているなどと思うのか」と尋ねると、「あなたが毎日出入りされる動作、歩かれる態度を見て、なかなか武芸の道に秀でた方だと思う」と商人は答えた。すると武士はこう言った。

「わたしは少年のころからとても臆病で、これだけは何とか直したいと決意した。度胸をつけるには夜中に墓地に行くのが一番だと思い、これを実行した。最初の時は門まで行くと恐ろしくて逃げ帰ったが、毎晩これを繰り返しているうちにだんだんに度胸がつき、墓地の中に入っても怖くなくなり、ついには墓石の上で一夜を明かすこともできるようになった。私がしたのはこれだけで武芸の稽古などは全くしたことがない」

それを聞くと商人は「それで分かりました。あなたの目のすわり方、出入りの態度、すべての動作が普通の人と違う理由が明らかになりました」と言って帰って行ったという。

一つのことを繰り返し継続すればいつの間にかその道に上達する。そして一事に上達すればそれが他事にも通ずるのである。

継続の心掛けさえあれば、たとえ行う事柄は違っても結果は同じに表れて来るものだと思う。

一事に通じれば万事に適用できる

習い事も同様のようである。楷書《かいしょ》に優れた者は行書《ぎょうしょ》も草書《そうしょ》もできる。楷書に必要な筆法は行書にも草書にも応用できるからである。その楷書に熟達するには繰り返し継続して身体に沁み込むまで習わなければならない。熱心に継続してやれば必ず上達するが、ただ心が相手に執着している間は上達しない。相手にかかわらず腕を磨く覚悟にならなければいけない。

以前、僕が剣術柔術は意外と精神修養にならないと述べた時、剣術に熟達したある学士が来て、「剣術はあなたの言うようなものではない。精神の修養に大変役立つものである。あなたの言われるとおりなら、それは剣術というよりその人の技が上達していないからだ。本物になれば確かに精神の修養に有効である」と言った。

剣術も本物になれば精神修養に大いに有効だと僕も思う。しかしそれは本物というところが大事なのであって、本物であれば剣術柔術だけではなくすべてのものが精神修養に役立つであろう。

例えば草を取るにしろ、ご飯を食べるにしろ、本物になりさえすれば必ずそれが他の様々なことにも及ぶ。「舞うも歌うも法のうち」と言うが、法のないものがあるだろうか。法とは原則の意味で原則は共通するものらしい。いわゆる物の極意というのはすべてに共通するようだ。

だから、志を立てたなら一心に邁進《まいしん》し、中止せずたゆまず行う。障害が現れてもこれを排除し、倒れたにしても起き上がってまた進む。そうすれば最終的に極意に達する。

一事の極意に達しさえすれば、ほかの諸芸にも通達できるのだ。

継続心を獲得するには、立派なことや難しいことを選ぶのはよくない。最初から立派なことをやろうとすると失敗に終わることが多いのではないか。普通の人間はやさしいこと、そして少し嫌だと思うくらいのことを選んで継続心を鍛錬するのがよい。

例えば、飲食に関すること、冷水を浴びる、日記をつける、散歩をする。決まった時間に起きる、食事の前に作り手に感謝する、月に回数とか日を決めて神社にお参りする、両親の命日には花を捧げるというような、ちょっと見ると何でもないが、しかし少しやりにくいところがある程度のことを繰り返し行うのがよい。

繰り返しているうちに継続が習慣になり、一事に熟達したことが他にも応用されるようになる。

毎朝の冷水浴で継続心を養う

僕は継続の修養法として冷水浴をしている。すでに二十年以上続いていて、今では習い性となり、寒中でも苦痛を感じなくなった。僕のような人間には難しいことはとても長くは続くまいと思ったので、冷水浴を始めた。

僕は十九歳で札幌の学校を卒業した。もう一人の廣井君（廣氏、工科大学教授）と僕がクラスで最年少であった。

当時は開拓使（※北方の開拓のため明治二年から十五年の間に設けられた官庁）の時代で、学校を卒業した者は五年間は必ず同庁に勤めなければならなかった。しかし僕は役人になるには若年すぎるのと、東京に行ってその上で外国に留学しもっと勉強したいと切に望んでいたので、もう少し年を取り学問をした上で必ず勤めるからと請願したが、希望は通らず役人になってしまった。月給は三十円、明治十四、五年ころは物価が安かったから、三十円は今の七、八十円に相当し、結婚して手伝いの者を雇うくらいは楽にできた。叔父も僕に嫁をもらったらどうかと勧めてくれたが、僕は勉強したい気持ちが強かったので断ってしまった。

間もなく開拓使が廃止され、義務奉職の規定も緩くなったので、僕は運動しついに東京に出ることになった。叔父から東京での生活のことを聞かれたので、「大学の文学部に入り経済と英文学を学びたい。食べさせてもらえればそれでいい。小遣いや本代は心配ない」と答えた。

大学に入った僕は力の及ぶ限り勉強しようと決心した。しかしそのためには二つの必要条件があった。一つは叔父の厄介になって大学へ行くのだからこの恩に対してできる限り学業を頑張らなければならない。しかし、決意は最初どんなに固くても途中で緩まないとも限らないから、常に勉強を怠らないようにする刺激が必要である。

もう一つは、この勉強に耐えるだけの体力がなければならない。途中で病気にでもなり勉強を途中でやめざるを得なくなったら、自分の無念はもとより叔父たちに対しても申し訳がたたない。

この二つの目的を達成するためにはどうしたらよいかといろいろ考えた結果、僕はふと毎朝冷水を浴びることを思いついた。明治十五、六年ころに冷水浴の効能というのは聞いていなかったが、毎朝冷水を浴びるたびに寒さを感じ、その寒さに耐える、それによって勉強を忘れないようにする。僕は冷水浴を自分の勉強の尺度としてやろうと決心した。毎朝決めて実行することで自分の決心を固くし、それを継続させるためにやったのである。

習慣づけば一回でもしないと物足りなくなる

学校の方は途中でアメリカに留学して無事に終わったが、一度養った冷水浴の習慣はその後も続き、今日まで一度も中止したことはない。むしろ一回でもしないと物足りない気持ちになる。

北海道の冬はしばしば氷点下になり水はたいてい凍ってしまうが、その時でも欠かしたことはなかった。激しい寒気の中、浴室に入り冷水を浴びると、室内にはたちまち水蒸気が立ち上り、朦朧《もうろう》として物がはっきり見えなくなるほどであった。

明治四十一年の一月、僕は台湾へ渡る船の中で渡瀬寅次郎君（※明治期の教育家、農業啓蒙家）に会った。いろいろな話をしている中で、彼がある老実業家がしているという鼻掃除のことを語った。

毎朝の洗面後に、鼻から水を吸い込み口から出して鼻掃除をする。初めは少し苦しいがとても効き目があるという。

当時、冷水を浴びることはすでに慣れて少しも苦にならなくなっていたので、この多少苦しそうなことを新しく始めたら継続の修養になろうかと、僕は早速翌日から始めてみた。

なるほど最初はちょっと苦しいし気持ちが悪い。だが、慣れてくるとしないとかえって気持ちが悪い。これは真水でもいいが、少しの塩を入れてすると一層、効果がある。これをしたおかげで風邪をひきやすかった僕が風邪をひかなくなった。しかし後に、これはひどい中耳炎を起こす可能性があり危険だというので現在はやめている。

克己に精力を使いすぎてもいけない

あまり難しいことを継続させせようとすると、それが常に自分への圧力となり、その圧力を制するために大きなエネルギーを費やすということが起こる。このことにエネルギーを使ってしまっては、せっかく継続の面に注ぐべきエネルギーを浪費するのと同じことになる。したがって、ありふれたことを毎日繰り返し、継続することの方にエネルギーを使うようにすべきである。

例えば、これから相撲の修業をしようと思う者は、大きな方針や心掛けは大関について学ぶのがよいが、毎日の稽古はずっと下の幕下力士にしてもらう方がよい。最初から大関にぶつかったら、稽古になるより肝心のエネルギーを消耗してしまう。これと同様で、継続心の修養という原則は持っていないといけないが、実際に行うのは難しいことよりも簡単なことから入るのがよい。

どんな簡単なことでも、継続心の修養という原則に沿って行えば奥行きが深くなる。同じことをしていても、原則に従っている者とただぼんやりとやっている者とでは大きな差がある。見る人の目から見れば大いに違って見えるものだ。

僕は何事をするのにもこの流儀でいきたいと思っている。どんな小さい仕事でも、それが何か他人のためになるとか奉公の真心から出るものであれば、その中に含まれている意味は大きい。原則に従ってすることはつまらないことでも、その背後に大きな力が立っているので、それがいつしか自分のものとなりすべての事物に応用できるようになる。つまり、あることを継続し熟達すれば、その中に含まれている大きな原則が自然と会得され、万事に応用することができるようになるものである。

第3節

継続心を妨害する外部要因

決心の継続を妨げる三つの外因

以上、自分の内面から来る継続を妨げる要因について述べてきたが、継続を妨げるものは自分の心からだけ起こるのではなく、外から来るものもたくさんある。外部から来る要因の中で最も主なものを三つあげてみたい。

一、そんなことはやめろという反対
二、生活環境の変化による中断

外因一、そんなことはやめろという反対

外因一の「そんなことはやめろという反対」にも二種類がある。一つは善意から出た忠告である。

「君は感心なことをやっているが、社会というものはもっと融通が利かなければいけない。そんなに窮屈に考えないでもっと臨機応変にすべきである」

これに対してはこの忠告を聞く場合もあるだろうし、自分の信じるところを貫く場合もある。大切なのはいかに親切な親友の忠告でも、本当にそうかどうかという迷いが自分にあるなら所信を継続するのがよい。他人の言うことに構う必要はない。

これに対し、敵意からの反対がある。ことにそれが何かの形式を伴う場合、相手に不快の気持ちを与えるので反対を引き起こしやすい。こうした反対にはことさらに議論をしてさらに反対を高めるのではなく、緩和するように努力する方がよい。

先日、大阪の青年から次のような相談を受けた。

「両親と信仰上の衝突がある。両親は熱心な仏教徒だが、自分は深くキリスト教を信じている。自分は夜に賛美歌を歌い礼拝をする。それを両親は不快に思い、ますます反対するようになった。ときには議論することもある。どうしたらいいだろう」

これに対し、僕は次のように答えた。

「宗教上のことは議論して解決できるものではない。議論をして家族が不仲になるのは間違いである。また賛美歌やお祈りのような形式も大切なことでそれで信念を固くすることもできるが、嫌がる人の前でやる必要はない。心の中でじっと信仰しキリストの教えを実践すれば、両親の反対も必ず解ける。この程度のことができないなら、キリスト教の愛を習得したとも言えないし、子としての道を尽くしているとも言えない。西郷従《じゅう》道《どう》侯（※薩摩藩士、政治家。西郷隆盛の弟）もキリスト教嫌いであったが、ある時『自分はキリスト教は嫌いだが、新島襄《にいじまじょう》（※明治期の教育家、キリスト教布教家）のようなキリスト教なら好きだ』と言ったという。君も両親をそのように言わせるよう努力すべきだ」

たとえ敵意を持って反対する者がいても、自分が善と信じていることを行っていれば、必ずその誠意が通じて人を動かす時が来ると思う。

「末遂《すえつひ》に海となるべき山水《やまみず》も
しばし木の葉の下くぐるなり」

の一句は、身分や地位にのみ応用する歌ではなく、もっと高い思想にも適用できると思う。

もう一つ、反対する者に対し率直に自分がそれをする理由を述べることもよい。「君は僕がすることが厭かもしれないが、僕はこういう理由でそれをしている。どうか僕がものになるまで許してくれ」と頼めば、たいていの人は許してくれるし、かえって同情し助けてくれる者もいる。

自分の志すところを率直に述べる

兄弟喧嘩は子どものころは誰にでもあることだが、僕もたびたびしたことがある。五歳か六歳だったころ、僕が兄の頭を殴ったことがあった。すると母が非常に怒って「頭は人間の身体の中で一番大切なところである。この母でさえどんな時でもお前たちの頭を叩いたことはない」と激しく叱られた。このことは僕の記憶に強く残り、以後、頭を叩くことには強い抵抗を感じるようになった。

十三か十四になったころ、ある時友人が後ろから来て突然僕の頭を殴ったことがあった。もちろん冗談でやったのだが、僕には母の教えがあったのですぐに殴り返した。すると友人もまた殴り僕もまた殴り返して、ついに本物の喧嘩になった。相手は僕より背も高く力もある。僕に勝ち目はなかったが、どうしてもそのままで終わることができず、涙を流しながらこう頼んだ。

「僕はこれこれの理由で頭を叩かれるのがどうしても我慢できない。だから僕にも貴様の頭を殴らせてくれ。その代わり、僕の顔でもどこでも頭以外のところなら好きなところを殴れ」

彼は僕の言ったことがわかったようで頭を殴ることだけはやめた。

もう一つ、北海道にいた時の話がある。

当時、僕は中学で教えていて、青年たちの教育上、芸妓を上げて騒ぐなどということはよくないのでこれまで芸妓の席には出たことがなかった。ある時、札幌で学士会を開くことになり、その準備の相談で委員会が開かれた。委員は七名、僕もその一人だった。

学士会に芸妓を呼ぶことになったが、この時委員の一人が僕に向かって「新渡戸君、君の意見はどうだ」と聞いてきた。君の意見はと指名されて聞かれれば、芸妓を呼ぶ発起人になるわけにはいかず、「こういうことは多数決で決めることだが、わざわざ僕の意見を聞かれたので答えるが僕は不賛成だ」と言った。いろいろ議論の末、結局、芸妓を呼ばないことになった。

学士会はとても盛会だったが、酒がまわるにつれ会員の中から、芸妓はどうした、なぜ呼ばない、と委員に詰め寄る者が出てきた。その委員が、新渡戸君が反対したからだと言って逃げたので、彼らは今度は僕に詰問に来た。

「まあ、そう言うな。君たちと違って僕は中学生を預かっている。その責任者の僕が発起人となって芸妓を呼んだら、君たちだって僕を蔑《さげす》むだろう。また弟たちを安心して中学に通わせられないだろう。僕が知らないことならともかく、相談されれば発起人になるわけにはいかないではないか」と答えると、「まあ、お前の立場とすればそれも道理だ」と彼らは行ってしまった。

世の中のことはたいていこんなもので、たとえ敵意を持って反対してきても、自分の志すところを卒直に述べ、どうかそれに免じて許してくれと言えば、たいていの人は納得するものである。打ち明けて頼むことは恥ずかしいことではない。

外因二、生活環境の変化による中断

次に生活環境が変わったため、志したことを継続することができなくなるということが多い。青年たちを見ていると、大学に入るまでは品行方正であった者が、大学入学と同時に堕落する者がいるし、学校生活の間はよかったのに、学士になり社会に出ると全く変わってしまう者がいる。さらに妻がいた時は非常に品行の正しかった者が、妻を失うとともに日常生活が乱れ始末に負えなくなる者もいる。子どもを失った場合もそういうことは起きる。まっすぐに進んで来た者が突然の出来事のため自暴自棄に陥るのだ。

このように生活環境の変化により、精神的にひどい打撃を受け、今まで継続してきたことを中止してしまうことは世間にはたくさんあるし、僕のように気の弱い者には起こりがちなことである。

では、こういう場合にはどうしたらよいのか。

僕は志を立てたとしても、それを必ず一生涯行うものとしなくてもよいのではないかと思う。一定の年限を設けてその間は実行し、その後は適宜に決めるのも一つの方法である。

明治九年に札幌に農学校ができた時、クラーク先生は学生に飲酒、喫煙、賭博の三つを禁止する誓いを立てさせた。誓文を読ませ、二人の保証人を立てさせるとても厳格なものであった。この禁止は在学中に関することで卒業後の飲酒、喫煙にはかかわらないから効果が薄いように思われるが、しかし実際にはとても有益であった。

青年が学校にいる期間は最も大切な時で、習い性はこの時代の修練によると言ってもよい。この時代に厳格な制限を受けると一生を通じて大きな効果がある。現に、僕や同窓生の間では現在もこの禁止を守っている者がたくさんいる。

一定の年限を決めるにはいろいろなやり方がある。母親が生きている間はなになにをしまいとか、子どもが何歳になるまではこれをしようとか決めれば継続しやすい。

一生続けることを決心しかつ実行すれば立派だが、凡人はその間に飽きることがある。年限を定めれば行いやすいし、その年限の間継続したならその習慣が養成され、その後も引き続き継続されるかもしれない。最初の三年五年が継続したなら次の三年五年もまた引き続き実行されるだろう。そのようにして養成された習慣は第二の天性となり、ついには一生の間継続されるようになるものである。

形に表すことでその精神を強くできる

生活環境が変わると、あることを行うとか行わないとかいう決心の継続の形は自然と違ってくる。しかし今までのままに継続することはできないにしても、その主義や精神は必ず行うことができる。継続の精神さえあるなら、生活環境の変化はそれほど気にするべきではないだろう。

例えば、これまで冷水浴を行っていた者が風呂場のない家に越し、風呂場がないから冷水浴は行えないと言うとしたら、それは冷水浴を厭だと思う気持ちがあったところに口実ができたため、喜んで口実に従っているのだ。冷水浴を行おうという精神があれば、浴室の有無などは問題にならないはずである。

すべてのことには精神が大切だが、しかしこれを形に表すこともまた必要である。形に表すことでその精神を強くする力ができるからだ。

したがって僕は善だと思うことがあったら、それを外に表して行うことを希望する。例えば菅公《かんこう》（※菅原道真）を偉大な人だと信じているなら寝て菅公を拝んでいるより、近くの天満宮に参拝する方がよい。天満宮のない村に行ったなら、森でも選んで参拝に行けばいい。

生活環境が変わっても主義を実践できないことはない。継続する心さえあれば些細なことにかかわらず行うことができる。

外因三、他人の嘲笑

他人から嘲笑されることは決意を継続する上で一番の障害である。皮肉や嫌みを言われることは聞く者にとっては針で刺されるよりも辛いものだ。議論ならば相手を屈服させることもできるが、議論でないから争うことも勝つこともできない。

この嘲笑にあうと断固とした継続心を持つ者でも動揺する。

僕の知人に熱心なキリスト教徒がいて禁酒を断行していた。普段はもちろん結婚式でも飲まないし正月のお屠蘇《とそ》も飲まない。彼の禁酒があまりに堅固なので、一度懲らしめてやろうというよくない相談が同僚の間で持ち上がった。

ある年の正月、この連中四、五人が打ち揃って知人の家に年賀に出かけた。ちょうど知人が不在だったため、奥さんが菓子や果物などを山のように出して歓待した。腹に一物ある同僚たちは「奥さん、今日は正月ですからお屠蘇を一杯いただきたい」と言うと、「ウチはご承知のとおりの主義ですから」と奥さんは困惑しながら断った。すると客たちは懐に入れてきた酒を各自取り出して飲み始めたのである。そしてあっけに取られている家族を後に引き揚げ、今日は愉快だったなどと言いながらその足で児玉総督（※児玉源太郎。第四代台湾総督）のもとに年賀に行った。今日はこれこれしかじかで愉快だったと彼らが総督に話すと、普段は悪戯や馬鹿話の好きな総督が顔色を変え、「人の信仰を嗤《わら》うとはもってのほかだ。人の信じていることは間違っていても尊重すべきだ」と怒ったという。

自分の意志を身体で表現することも是

嫌味や皮肉に対して取るべき手段は、僕は自分の意思を身体で表現するしかないと思う。すなわち殴るとよい。

殴るというと野蛮に聞こえるが、これは相手を苦しめようとするのではなく、自分の決心を固めるのに最も有力だからである。

僕の学生に悪友に誘われ堕落しかけていた者がいた。心を入れ替えます、もう悪事はしませんと言うのだが、また悪友に誘われて同じことをする。何度も同じことを繰り返していた。僕はその学生に向かい、こう言ったことがある。

「母がとても僕の将来を心配している、僕も今までの行いは悪かったと心を入れ替えることにした、僕の母に免じて絶交してくれ、と言いなさい。もし悪友が承知しないで、ほう、君もいよいよ聖人になるのかなどと言って君を嘲笑したら、直ちに相手を殴るといい。そのために喧嘩になれば願うところ、それを機会に絶交すればいい。そうすれば自分はもうあいつと付き合うまいという確信が持てる。殴ることは気持ちのよいことではないが断じてそうしなさい」

要するに何事であれ継続することはとても難しいことなのだ。妨害は自分の中からも、また外部からも来る。そしてともにこれに打ち勝つことは容易ではない。

しかし、人が大事をしようと思えばひとえにこの継続にあるのだから、どんなに困難を排しても継続心を養わなければならない。

西洋の諺《ことわざ》に「習慣は第二の天性」というのがあり、日本の諺にも「習うより慣れろ」というのがある。ラテンの教訓にも「実行は最良の教師なり」と言っている。まさにそのとおりである。

「泰山《たいざん》の霤《したた》り石を穿《うが》つ」とあるとおり、水の滴《したた》りは岩をも穿つのである。これは水の偉大な力であるが、この力は一時に現れるものではない。まさに継続の力によるものなのである。

（『修養』第四章より）

第4章

四つの力を貯蓄する

僕がここで言う貯蓄とは必ずしも物質的、金銭的な貯蓄に限るものではなく、人間のあらゆる力に応用できるものである。具体的に言うなら、第一に金銭的貯蓄はもちろんのこと、第二に体力の貯蓄、第三には知識の貯蓄、そして第四には精神的力の貯蓄となる。これらはすべて人間が生きていく上で大切なものである。

第1節

貯蓄と蓄財は異なる概念

先見の明のある人間が貯蓄する

人が貯蓄を始めるのはその人に先見の明があるかどうかにかかっている。

先のことも何も考えずただやみくもに手に入れたものを蓄える——これは吝嗇《りんしょく》である。

あるいは、自分のまわりに財産を山のように積んで、ただ積むことのみを楽しみとする——これは別に他人の財産を略奪するわけではないから差し支《つか》えもないように思えるが、この楽しみはとかく他人に害を与えることが多く褒められたものではない。

後日の不足を補うためにあらかじめ蓄えることは、頭脳が進歩した者でなければできない。スペンサー（※イギリスの哲学者、社会学者）は知能の発展は時間と空間に適応すると述べたが、知能の程度が低ければ低いほど時間に対する考えが短く、また場所に対する考えが狭い。そのよい例は子どもである。

子どもは今日明日という区別が分からないし、隣町のことにまで考えが及ばない。しかし少し成長すると明日明後日ということも理解でき、一キロ四方のことも分かってくる。そして成長するに伴い来年再来年のことも想像がつき、遠く離れた村のことも一とおり分かるようになる。知能が発達すればするほど、時間と空間に対する考えはどんどん長く広くなるものなのである。

宵越《よいご》しの銭は持たない、明日は明日でまたどうにかなるという考えは程度が低く、ほとんど原始人的考えである。

日本人は、若い時から老後の計画をしているような人を見ると、その人が老人くさい元気のない人のように思う傾向がある。老後を心配しそのために元気を失ってしまうならもちろん褒めたことではないが、元気のまま老後のことを考えるのは進んだ人である。やみくもに蓄財するのとは趣が異なる。

とかく長期的視野に欠けがちな日本人

日本人と西洋人の大きな違いの一つは、仕事をするにあたってこの次は何、この次は何と計画を立てるか否かにあると思う。もちろん日本でも国家百年の大計とか、地方によって十年計画、二十年計画など立てることがあるが、個人として長期的計画を立ててそれを実行する者はとても少ない。むしろ来年のことを話すと鬼が笑うなどと言ったりする。

もっとも親は子どもの未来を考え、十年経てば小学校を卒業し、二十年経てばこうなり、何十年か後にはこうなっているだろうから自分は楽隠居ができるというような計画を立てるが、それは消極的であり具体的なものではない。

僕が西洋人の計画に感心するのは、それがはっきりしていて細かい点まで周到なことである。

例えば、欧米の主婦は習慣として一日の決まりができている。月曜は洗濯、火曜は買い物、水曜は親戚知人を訪問、金曜は知人を招待など、各家庭により異なるが日々の計画が立てられている。しかも時間まで決められていて、朝の十時までは魚屋、八百屋、郵便配達のほかは誰も家に来ない。したがって主婦はどんな服装で掃除をしていようと来客にその姿を見られる心配は要らない。

「今日あるから明日もある」の発想で計画を立てよう

僕の知人のアメリカの婦人は三年後のことまで予定を立ててそれを実行している。再来年の七月三日の船でどこへ行き、八月にはどこに滞在しているから、用事があれば相当するところに連絡してほしいと言う。

一方、日本人の生活には計画性がない。もしあったとしても、社会の生活の方法がこれを実行させるようになっていない。例えば朝食前から来客があり、これに応対していると電話のベルが鳴る。客は平気で長話をし、その間にまた電話がかかってくるという風で、これでは決まった時間にゆっくり朝食をとることもできないし、決まった仕事を予定どおりに行うこともできない。

「今日あっても明日は命があるとは限らない」などと言って、予定や計画を立てることに耳を貸そうとしない人が多いが、これは愚かなことである。今日命があるように明日も命があると信じる方が合理的である。

幸いというか不幸というか、明日死んだならそれで済むだろうが、もし生きていたなら毎日が無計画なために大いにまごつくことになる。日本人は今日あっても明日はないかもしれないという消極的思想を持つが、西洋人は今日あるから明日もあるという積極的思想で計画し準備をする。もし個人が今日あっても明日は知れないというのならば、国家もまた同じであろう。今日あって明日あるかわからない国ならば、何もなすことはなくなってしまう。

貯蓄は物質的、金銭的なものに限らない

貯蓄と先見について日本人の思想は消極的だと述べたが、それをよく表している教訓

歌がある。

「事足れば足るに任せて事足らず
足らで事足る身こそ安かれ」

とてもよく言い得た歌だと信じている者もいるが、この歌の意味するところをよく味わうと、貯蓄は全くできなくなる。「足りなくて事足る身」を理想とするなら、その日その日の生活を送れていくだけを理想とすることになる。僕は、足りるより多く取り、足りる以上に余りを得て、これを明日のためあるいは他人のために蓄えるという風に変えたいと思う。

もっともこの歌の意味は、事足るほど持てば、これを乱用するおそれがあるというのだろう。余るほど金があれば贅沢になる。おいしいものばかり食べていれば食傷する。華美な服があれば着飾って他人に見せびらかし優越感を得る。健康すぎるほど健康であればこれを無駄に使って放蕩する。このように余りがあるとこれを乱用すると決めつけるから、事足らぬことを喜び、事足らずにその日その日を暮らすことを褒めるのである。

しかし、教育やそのほかの方法で、華美な服を着ても傲慢にならず、身体が壮健でも放蕩《ほうとう》せず、山海の珍味が山のようにあっても暴飲暴食しないようにすることができるなら、事足る以上に物を持つことはよいことであり、決して危険ではない。

この点に関して言うなら、人間には三つの種類がいる。

第一は余力があれば直ちにすべてを乱用する者、これは最も下等である。

第二は乱用することを恐れてなるべく余力を持たないようにし、不足であることを喜ぶ者、これは中等である。

第三は余力があればなおさら節度を守り、今日必要でないものは他人あるいは後日のために貯蓄する者で、これが最上である。人間はここに到達しなければ動物とあまり遠くない。国も同じで、ここに到達できない国は、たとえ戦争に強くても永遠に強国として世界に誇ることはできない。

僕がここで言う貯蓄とは必ずしも物質的、金銭的な貯蓄に限るものではなく、人間のあらゆる力に応用できるものである。具体的に言うなら、第一に金銭的貯蓄はもちろんのこと、第二に体力の貯蓄、第三には知識の貯蓄、そして第四には精神的力の貯蓄となる。

これらはすべて人間が生きていく上で大切なものであるから、以下に順番に説明していこう。

第2節

金銭の貯蓄は卑しいことではない

家名を辱めない程度の蓄財は残すべき

日本人は金銭の貯蓄をけなしたがる傾向がある。ある人が金を貯めていると聞くと、その人間が小心で意気地なしであるかのように思い、反対に金を乱費する者は大胆で偉い人間であるかのように褒め、また本人もそのように振る舞う。それならあくまでそれで押し通していくかというと、金の続く間は大きなことを言って豪傑のように振る舞っていても、いったん病気になったり金の要ることができると、とたんに今までの剛気さがなくなりみすぼらしくなる。

主人が大言壮語して死んだあと、遺族が目も当てられない惨状に陥ることはよく目にすることである。友人たちが見かねて「彼は国のために身をなげうち、自分の家族を顧みる暇がなく、子孫に美田を残せなかった。我ら有志が相談し、子孫のために教育費を募りたいので協力していただきたい」などと言い、昨日まで英雄豪傑であった人の子孫がただの物乞いになってしまう。父は国のために尽くしたのかもしれないが、その子孫が国や他人に迷惑をかけるようでは醜態と言わざるを得ない。

大久保利通公も子孫のために美田を残さない主義の人であったという。大臣までなればたいていの人は多少の蓄財ができるし、大久保公の地位にあれば万の富をつくることは簡単なことであったろう。公は金銭の蓄財にとても冷淡であったと聞くが、真に国家のために尽くされ、私財を使って清国に何十人という密偵を派遣したという。しかしその子孫が他人の世話になるような醜態は遺されなかった。

これに反し、近ごろしばしば広告欄などで見かける遺児のために教育費を募るという人々は、生前にどれほど国のために尽くし、どれほどの金を国のために費やしたのであろうか。このような人たちはかえって贅沢や酒宴などに浪費した者が多いように思われる。

もともと日本人は何かというと「国家」を持ち出す癖がある。

金儲けをする人も国のためと言い、損をすれば国のために犠牲になったと言う。また国に尽くした結果として、遺族が他人の厄介になり金をもらうのを当たり前のように思っている。乱世の軍人であればそういうこともあろうかと許す気にもなれるが、そういう人にしても家名を辱《はずかし》めないだけの準備はしておくべきであろう。

吝嗇と言われるのを嫌がり、その場限り華やかにぱっと乱費し、あの人は金に欲がないさっぱりした人だという追従を喜び、しかしその二代目が他人に迷惑をかけて一家の恥をさらすようでは、先見の明がない極みであり、真に志のある人のすることではない。

僕に貯蓄心の大切さを教えてくれたある友人

恥ずかしいが、僕が実際に体験したことを以下に述べて貯蓄心のない人の反省に供したい。

僕は学生時代から貯蓄心がなく、一週間分の小遣いをもらうとすぐに菓子などを買って学友と一緒に食べ、その後は風呂に入ることもできなくなった。親元にいた時はそれでも何とかなったが、親元を離れてからはそのために心を悩ませたり、人に迷惑をかけたりしたこともあった。

一方、学友の中にとても貯蓄心に富んだ男がいた。北海道時代、僕たちは国費で勉学していたから、彼は毎年国から支給される品々を正確に最大限まで受け取り、卒業時には手を通していない服や履いていない靴を何足か持っていた。僕と彼は両極端の代表のように言われていたのである。彼の方は学友の間であまり評判がよくなかったが、その理由は貯蓄心に富み、僕らと一緒に遊んだり食べたりすることがなかったからである。僕もまた乱費派の代表として面と向かって彼を批判したことがあった。

その後数十年経って、彼は巨万とは言えないがある程度の富を築き、自分の土地に自分の家を建て、五、六人の子どもたちの父となり、親を養い、奥さんも生活の心配なく悠々とその日を送るようになっている。学生時代に細かく貯蓄していた時と異なり、友人で困っている者には融通し、僕と久しぶりで会った時も金が入用なら貸してやろうと言うくらいになった。彼から「学生時代には君に忠告された時があったねえ」と言われた時には冷や汗が出た。

彼自身は余裕のない生活をしてきたのだろうが、彼の子どもたちは豊かな生活の中で成長したせいか、みんなのびのびとしていてせかせかしたところがない。父が将来のためを思い、人の悪口に耐え自分の所信を貫いたおかげで、二代目はみな善良な国民として国家に貢献することとなった。

父親が大きな顔をしてその子が物乞いになるのとどちらが優っているだろうか。

貯蓄心のある者は綿密で何事もおろそかにしない

僕は数年間、多くの学生と交わってきたが、学生のころ吝嗇と言われた者は、一般的に、後になって成績がよいようである。これに反して学生時代に豪傑ぶって金銭などは顧みず、人のものは自分のものと考えているような者は、ちょっとおもしろいようであるが、また本当の豪傑になってくれればあくせく貯蓄する者よりおもしろくなるだろうが、どうもこの種の人は真の豪傑とはならずに社会の厄介者《やっかいもの》となる者が多い。

貯蓄心のある者は大概考えが綿密で何事もおろそかにしない。ものを頼んでもきちんと終わりまでしてくれるので頼み甲斐がある。

一方、いわゆる豪傑風の人は頼み甲斐がない。いずれ天下国家を頼まれるという意気込みなのかもしれないが、うかつにこれらの人に頼む気にはなれない。恥ずべき吝嗇は感心しないが、ケチにならない程度に貯蓄心のある人は頭が綿密であり、将来必ず有益な国民になると僕は思う。

またたびたび言うとおり、日本人は貯蓄する人を軽蔑する傾向があるので、こうした軽蔑を受けても平気でいられるということは、その人の意志が強固である証拠になる。ケチな奴と言われるのを気にしている者たちよりかえって気が大きく、耐え忍ぶ力もある。大望を抱きながら吝嗇の非難を甘んじて受けている者はさらに偉い。

「いまだ大事業がある」を口癖としたジョンズ・ホプキンズ氏

某議員が自分の政見を実行するため子分が必要になり、子分をつくるには金が要るという理由で不正に手を染めた、と新聞に報道された。

議員が政見を実行しようとするのは褒めるべきことで、そのために子分をつくることも悪くはない。またそのために金が要るというのも納得できることであるが、しかしその金をつくる手段を間違った。一時、待合あたりで大きな顔をできないことを我慢し、たとえ少なくても歳費を貯蓄して、これを運用利殖したなら褒めるべき人であったろう。

歳費を貯蓄し運用している間はいろいろと悪口も言われるだろうが、自分の政見を実行するためだという自信があれば、たとえ不正な金を受け取る機会が目の前にあっても「自分は不正の金はもらわない」という固い決意もできる。いろいろと非難した人たちはじきに口をつぐむものである。

アメリカのジョンズ・ホプキンズ氏は大学を設立するため六百万円を寄付し、また最も完璧な病院を建設するため一千万円を寄付した。この二つの大きな目的達成の資金を貯めるため、彼は妻も娶《めと》らず五セントの電車にも乗らなかった。心やすい銀行家が、「もうお年だし遠くに行かれる時は馬車に乗らなくてもせめて電車に乗られたらどうですか」と親切心から勧めると、氏は「いまだ大事業がある、いまだ大事業がある」(I've a great work to do.)と独り言のように二回繰り返したという。

最高学府を設立して多くの青年たちに知識を与え、今までにない完全な病院をつくって多くの命を救いたいという偉大な目的を抱き、吝嗇という悪口を甘んじて受ける人は、寄生虫のような子分や茶屋の娘たちに「お金の使い方がきれいだ」などと褒められて得意になる人間より、どれほど偉大であろうか。

第3節 大きな目的を達成するに役立つ体力の貯蓄

日本人はえてして体力を粗末にしがち

われわれ日本人は「今日あって明日ないという山桜」を理想として、遠い将来を考えることをあまり潔しとしない傾向がある。「江戸っ子は宵越しの銭は持たない」などと聞くと、威勢のいい気概のある男だと褒める。

お金のことはともかくとして、身体、体力のことはもっと大切に考えるべきである。一時のカラ元気に任せて飲めや歌えの大騒ぎをし、ついには身体を壊したりすると、「人間はいつ死ぬかわからない。将来のことをあれこれ心配しても何の役に立つだろう。

来年のことを言えば鬼が笑う」などと言って放縦な生活を繰り返す者が多い。

僕の友人に学問といい人物といい、今の世に珍しいくらい立派な者がいる。しかしとかく身体を粗末にするため、彼より年長である僕が、「もう少し身体を大切にした方がいい」と忠告すると、「どうせ人間は一度は死ぬんだし、正しい生活をしたからといって長生きするとは限らない」と笑った。僕は自分の苦い経験を話して、「身体を壊し死んでしまえばそれですむが、死なずに半病人にでもなれば仕事も半人前しかできず残念なことになる」と言ってやった。

もし読者の中にこの友人と同じような考えを抱いている者がいるなら、僕は同じことを言って反省を求めたい。精力旺盛な青年たちはその精力を大切に貯蓄して、後日、大きな目的のために利用することを心掛けるべきである。明日の命は分からない、などと言って身体を乱用して病気になれば、死ぬこともできず一人前の仕事もできず、自分も辛いし他人にも迷惑をかける。

十年かかって十人前の仕事をすればいい

明治四十三年正月の雑誌『実業之日本』に桂公（※桂小五郎）の次のような座右の銘が紹介されていた。

「一日に十里の道を行くよりも
十日に十里行くぞたのしき」

このように、一日に十人前の仕事をするよりも、十年かかって十人前の仕事をするぐらいに気長に構える考え方を養い、それに相当する体力を養うようにしたい。

青年の中には一時の元気に任せて乱暴な勉強の仕方をする者がいる。粗末な食事しかとらず、うす暗い電灯の下で昼も夜も根をつめて勉強する。その精神は立派だが、しかしそのために身体を壊し、後日、本当に大切な時に役に立たなくなる者が少なくないのだ。

また青年の中には身体を鍛えると言って、真冬でも足袋もはかず薄い着物で震えている者がいる。奢侈《しゃし》は青年の最も避けるべきことだし、鍛錬をすることは誰もが賛成することではあるが、まだ身体が十分に成熟していない者が一時の元気に任せて過激なことをすると、体力はかえって損なわれてしまう。

「わしは若いころは歯がとても丈夫で、石でも噛んだ」と自慢していた老人の歯を見たら、全部入れ歯だったことがある。彼がもしその丈夫な歯を大切に保護してきたなら、老人になっても総入れ歯になることはなかったろう。こうした例はとても多い。

いくら丈夫でも一時の無理をしてはいけない。後日大切な時に役に立たなくなるからだ。

虚栄心で体力を無駄に使うな

体力の貯蓄について一言述べておきたいのは虚栄心についてである。

つまらないことで威張り、つまらないことで奢《おご》り高ぶっている人を見ると、その人間の胆力の小さいことがはっきり見えるようで気の毒になる。虚栄心と勇気は反比例に増減するようである。

青年の中には腕力を自慢にし、剣術がうまいとか柔道は何段であるとか、自分の武芸を誇りたい虚栄心を起こす者がいる。こういう者は他人に喧嘩を吹っかけたり、警官ともめたり、罪のない者を殴ったりして自分を偉いように思うのだ。

昔はこういう者が多かったが、今でも少なくない。真に武芸の奥義に達している者なら、不必要だと思われる時には決して自分の武芸をひけらかそうとはしないものだ。

大坂城の名将、長門守《ながとのかみ》重成の話がある。

城の中である時、茶坊主が重成の脇差しを蹴飛ばし「大切な足をお前さんのような腰抜け武士の脇差しで汚された」と言って、重成の頭をぽかりと殴った。重成には茶坊主を討ち殺すくらいの力量は余るほどあったが、しかし怒った風でもなくそのまま下城した。この噂が城内に広まり、重成は腰抜けだという評判が高くなった。

同僚が心外に思い、なぜあの茶坊主を懲らしめなかったのかと尋ねると、重成は「あの茶坊主は蝿も同然である。武芸も力もすべて主君に万一のことがあった場合に役に立てるべきで、人でない蝿が無礼をしたからと言ってこれを用いるのはもったいない」と答えたという。

忠義のためでなければ用いないという確信があったからこそ、臆病武士と悪口を言われても茶坊主の無礼に耐えたのである。重成は大坂落城の際には華々しく戦い、討ち死にした。体力はいったん事があった場合に使えるよう常に養うべきものなのである。

もっとも体力は外部に触れて発達するものである。剣術でも柔道でも力を外に出してこれを鍛錬する必要がある。したがって貯蓄を前提として体力をつけようと思うなら適度に運動し、あるいは冷水を浴び、衛生上の規則を守らなければならない。

第4節

事が起きた時に活きる知識の蓄積

少し学ぶとひけらかしたくなるのが世の常

先に僕は腕力についての虚栄心に関して述べたが、虚栄心は何も腕力に限ったものではない。小利口の者、小学問のある者は虚栄心から何かというとこれを鼻の先にぶら下げたがる。

「恐ろしき愛宕《あたご》、鞍馬の天狗より
なお恐ろしき里の小天狗」

と言われるように、少し学問をするとすぐにこれを出したくなるのが世の習《なら》いである。

昔の儒学者は「学問は臭いものである。ちょうど大根を煮るのと同じで、煮れば煮るほど臭くなるが、完全に煮尽くせば臭みがなくなる」と言った。

禅をする人を見ても、生半可にやった人はとかく偉ぶったり、脱俗とか何とか言って人を不愉快にするようなことをして得々としている。

こういう素人から見ても禅寺の台所でうろうろしているような人間ではなく、すでに悟りの道に入ったと思われる人は、禅をやったような顔をせず淡々としていて、言うことも普通の人とことさら変わったところはない。

しかし、見る人が見、聞く人が聞けば、その目つきや声がどことなく普通の人とは違う。歩き方も威張った風ではないがしっかりしているし、しかも泥棒の抜き足と違った静かさがある。その言行には垢ぬけしたところがあり趣がある。もちろんこのような境地は必ずしも禅からのみ得られるものではなく、何の道から登っても同じ高嶺《たかね》に達するのである。

度量と知力を併せ持つ人間の共通点

学問の道にしても、自分の専門はこれこれだとむやみに振り回す間は、学校の先生としては差し支えないが人間としての価値は低いと言わざるを得ない。

かつてドイツにいた時、学界の権威として尊敬を集めている学者を訪ねたことがあった。この人はみだりに専門の学問の話をしなかった。尋ねれば話してくれるが尋ねなければ一言も言わず、日常会話は全く普通の人と同じであった。政治家にしても同じである。度量があり知力のある政治家は、侵すことのできない威厳はあるが少しも猛々しくはない。

リンカーンが大統領になった時、アメリカは四年間続いた内乱の中にあった。しかしリンカーンは閣議を開いて重大問題を決定した後は、「さあ、これからはわたしが話すことがある」と言って列席している人たちを大笑いさせるような昔話をするのが常だったという。

リンカーンは決して国の内乱を憂いていなかったのではなく、寝室に退けば国のため声をあげて泣くこともあったというが、人前ではことさら嘆いてみせるようなことはしなかった。本当の偉人はかくあるものだと思う。

貯蓄した知識は出す時が大切

「能ある鷹は爪を隠す」という諺《ことわざ》があるように、知力のある者はむやみとこれをひけらかすことはしない。これを貯蓄し機会を見て使うのである。

ある人が「金言とは機会を逸することなく発した言葉である」と言ったが、どんなに名句であっても機会を逸して述べたものは愚者の放言と同じになってしまう。知恵を出す機会を逸すれば、君子も愚者と変わりがないのだ。

僕が知っている老人はよく、「飯の食いだめと心配のしだめは役に立たない」と言っていた。

どんな人でも三日分の飯を一日に食べておくことはできない。心配も同様で、こうなったらどうしよう、ああなったらどうしようといろいろ心配しても、それはほとんどの場合役には立たない。家のあそこから泥棒が入ったらとか、あいつがこう言ったらどう答えようとか心配することが多少役に立つこともあるが、多くは心配のしだめも役に立たないものだ。

ただし災難にあったらこうしようという覚悟をしておくことは役に立つ。事が起きた時、狼狽《ろうばい》しないようにするには日ごろの用意がなければならないが、この用意ができるのは知力の蓄積があるからである。いろいろなことをたくさん覚えておくのではなく、活用できる知力を蓄えておくのである。

知識の貯蓄を有効に用いた某夫人

歴史上の事実、統計上の数字、動植物の名前など知識を蓄えることは楽しみでもあり、また役にも立つ。しかし知識よりも知力を普段から養い蓄えることの方が大切だろう。

札幌にいたころの同窓の友人で、卒業後間もなく肺結核にかかった者がいた。名医にもかかり治療にも努めたが一向によくならず、余命一年と宣告された。しかし友人はその後五年間存命したのである。医者も驚いていたが、彼が五倍の時間を生きることができたのは奥さんの熱心な介護によるものだった。奥さんは僕に当時の事情をこう語ってくれた。

「わたしは学校時代熱心に英語を勉強しましたが、夫のもとに嫁いでからは使う機会もなく何の役にも立ちませんでした。しかし夫が病の床についてから、外国の新聞を取り寄せてこれを読んで聞かせました。夫は病気とともに頭がますます明晰になりましたので、新聞からいろいろな新しい知識を得て、とても慰めになったようです。

また、外国の新聞には肺結核の薬剤や方法がたくさん広告してあり、私はこれはと思うものがあるとそれらを注文しました。

医者に一年と言われていましたから、寿命をそれ以下に縮めることはあるまい、延ばすことができたらこれに勝ることはないといろいろのものを取り寄せ、一つが効かなくなるとまた次のものを使うという風にしました。

長い病気ですから夫だけでなくわたしも気が滅入ることがあり、そういう時は日本の文学より英文学を読んでずいぶん気を引き立てられました」

これこそ、知力の貯蓄が役立った例だと僕は思う。もし奥さんが英語など要らないと捨ててしまえばそれまでである。夫の病気と自分の不幸を救うことができず、一年の余命を五年に延ばすことはできなかったであろう。

良書を読み、有益な話を聞き、心の蔵を豊かにする

蓄えた知力がどんな時に役立つかは分からない。しかし早晩役に立つ。目先の必要のためにのみ得る知識は、ドイツ人が言うところのいわゆる「パン学問」である。パンが手に入ればもう役に立たない。

したがって、どんな時にもどんな場合にも使うことのできる知識を貯蓄することを平生から心掛けたい。そうした知識を養い蓄えるには良書を読み、有益な話を聞き、自分以上の人と交わり、時には黙想して心に得たことを心の蔵の中に深く入れるようにしたい。

これはいわゆる高尚な意味での学問の方法で、今述べたほかにもいろいろなやり方が

あるだろう。

しかし知識の貯蓄のみで世の中を渡ろうとするのはとても寂しいことである。そういう人には話し相手がいない。そういう人はすべての人が自分より愚かで語り合うに足る相手ではないと思い、不愉快に世を渡る人が多い。知識のみの人は他人に対して威張り、お高くとまっていて傲慢である。

ここにおいて知識の貯蓄よりいっそう大切な徳の貯蓄が必要になって来る。

第5節

最も大切な徳の貯蓄

少しずつでも善を積み上げていく

善行はいくらでも行えるものであるが、ちょっと油断すれば消えやすく後戻りしやすい。

善い行いを一つしても翌日これを破るような行為をすれば、昨日の善行は消えてしまう。右手で四分の善を行っても、左手で六分の悪を行えば差し引き二分の堕落である。

しかし、我々凡人はとうてい、善だけ行うことは不可能である。毎日多少の善いことをしても、同時にまた多少の悪をする。

今日は五分の善いことを行い三分の悪を行えば、差し引き二分の善が残る。翌日また五分の善に対し二分の悪事があれば差し引き三分の善が残り、二日で五分の善をなしたことになる。差し引かれる悪事があっても失望することなく、善を積むことを心掛けたいと思う。

孟子は「四十にして動かず」と言った。その意味は僕にはよく分からないが、悪によって動揺しない心ではないかと思う。この境地に到達すれば申し分ないが、それまではとかく善事を行おうとすれば直ちに反対の心が起こってこれを妨げる。

使徒パウロは「わたしの中で二つの心が常に戦っている。善をしようとすれば直ちにこれを破る悪の力が起きる」と嘆いたが、中世の学者の中にも、人間には二つの霊があり善悪の両性がいつも戦っている、と言った人がいた。子どもが小石を積むようにせっかく積み上げたと思ってもたちまち崩される。しかしこの時に「ああ、もうだめだ」と自暴自棄になるかならないかが、その人の未来が開かれるかどうかの分かれ目になるのだ。

生まれつき嫉妬や羨望の気持ちを持たず、ほとんど悪の観念がないかと思われる人もたまにいるが、極めて稀《まれ》である。十人中八、九人は修養を積まなければ善には進むことができない。

貯蓄も今日は十円、明日また十円と預ければ多少引き出してもだんだんに額は増えていく。同じように最初は些細なことに注意してわずかな過ちも改めていくようにすれば、やがてはたくさんの徳を積むことができよう。

徳の貯蓄はすべての貯蓄の中で最も大切なものなのである。

徳は満足と快楽をもたらす

徳を積むことは、前に述べた富や知識を積むようには、この世で栄華を得られることの保証にはならない。人から褒められるかどうかも月給を多くもらえるかどうかも分からない。徳は知識のように売ることもできないし、金に換算することもできない。

しかし、徳には名誉もお金も及ばない保存力と快楽があるように見える。

金は一夜にして失うことがあるし、知識は病気のため失うことがある。またこの二つは人の妬《ねた》みを買うおそれがある。

一方、徳は失うおそれも妬まれるおそれもない。むしろ妬む人を教化する力がある。そして人の知らない、知り得ない楽しみがある。つまり心は常に晴れ晴れとしていて、至るところに楽園があるような、我々の味わうことのできない快楽があるのだ。

言ってみれば他人が食べているものと違うものを食べているようなものである。したがって他人とパンの競争をする必要もなく、人を妬み陥《おとしい》れる必要もなく、平和に無事に暮らすことができる。

このような人は巨万の富、何枚もの学位証書、昇進を告げる辞令書も与えることのできない満足と快楽を得るのである。

道は心の内にあり

徳の貯蓄はそれを行おうという意志さえあれば誰にでもどこででもできる。職業の貴賤、金力の有無、社会的地位の上下、身体の強弱に関係なくできるのだ。

しかも最初の種子はすでに各自が持っているのであるから、今晩からでも積むことができる。お金なら蓄えるのに一銭でも資本がなければできないし、健康の増進は病気が癒《い》えた後でなければできない。そのようにすべて最初の種子がいるのだが、徳の貯蓄だけはいつからでもできる。

僕は一番大切なことは誰にでもできるということだと思うが、徳を積むことがそれなのだ。

人間は境遇を離れて生きることはできないが、同時にまた境遇に応じるだけの力は備えている。例えば、空気という境遇があればこれを呼吸する肺があるし、食べ物があるからこれを消化する口や胃がある。

それと同じように、境遇に応じる力は各自の心掛けによって修養し増進できるものなのだと思う。

境遇に応じる力は各自が出すことができるものだが、人はややもすると自分の力を出すことを怠《おこた》り、目的を達することのできない理由を外の事情のせいにする傾向がある。自分の過去を顧みて自分ほど不幸な者はいない、それに引き比べあいつは実に羨ましいなどと言う。

メーテルリンクは「自分にとって自分の過去に優るものはない」と言っているが、辛いことがあれば辛いながらもその中から他人が得ることのできない経験を得ているのだ。道は近きにあり、と言うが、近いとは各自の心の内ということである。それを外に求めるのは間違いである。人生に最も大切で最も欠くことのできないものは、それぞれ各自に備わっているのだと僕は思う。地を怨んだり天を呪ったりする必要はないのだ。

（『修養』第八章より）

第5章

臆病を克服する工夫

もし人の前に出る時に怖じ気づいたなら、一呼吸入れて、自分の心にやましい点があるか否かを自問するとよい。臆病な僕にとって最も教訓となったのはシェークスピア翁のBe just and fear not（正を守って恐れることなかれ）という言葉である。

僕も気が弱かった

僕はいろいろな人と対談したりあるいはさまざまな人から手紙を受け取る機会があるが、世の中には地位の上下を問わずあるいは年齢の老若を問わずに、自分は気が弱くて困る、何とかもっと気を強くする工夫はないだろうか、と尋ねられることがしばしばある。

この質問は、僕自身が普段から自分の気の弱さを何とか矯正したいと思っているので、人に方法を教えるなどというのは思いも及ばないことであるが、しかし同病相憐れむという立場から、僕が長年行っている工夫についてお話しすることはいくらかの参考になるのではないかと思う。

危険を察知できない人ほど豪胆になる

僕の友人に僕同様、気の弱い男がいる。この人が子どものころ、心配した親が当時有名だったある将軍のところに連れて行き、「何とかこの子の度胸を鍛錬していただきたい。今のような臆病者では将来が心配です」と言った。すると将軍は、「臆病であることはそれほど心配なことではない。賢い証拠である」と言ったという。

この言葉で当人はかえって得意になって帰って来たのだが、臆病者は賢いのか、賢い者は臆病なのか、いずれが原因でいずれが結果か分からないが、この二者の間には何らかの関係があるように僕には思える。

と言っても、僕は臆病であるから賢いのだなどと言う気はないが、いわゆる世間で言う「盲者、蛇を恐れず」で、周囲のことも前後のことも分からない者は、一見、その行動が豪胆のように見えるものだ。しかし、これは実際には豪胆なのではなく前後左右が見えないのである。危険があるのを知って豪胆に振る舞うのではなく、危険があることを知らないから豪胆らしく振る舞うのである。

人生にははっきりと見える危険もあれば、潜伏して目に見えない危険もまた多い。この危険がいくらかでも見える者は恐れまいとしても恐れざるを得ない。すなわち想像力の強い者は臆病にならざるを得ないが故にいよいよ臆病になるのだ。

だが、臆病を克服するためには盲者になればよいということにはならない。自分の本来持っているものを捨てて消極的に矯正しようというのではなく、見えることならますますよく見てその危険を見通し、そしてなお臆しないところまで到達しようというのだ。盲者になって豪胆らしく振る舞うのはもとより間違いである。

身体からくる気弱の原因

気の弱さを直すにはその理由を考え、その理由から対処する方法を考えなければならない。その理由の一番は身体にあるのではないだろうか。

もちろん、身体が大きくて強健な者でも必ずしも気が強いとは限らない。大男で健康な者でも、人前に出ると声が震えてろくろくものが言えない者もいる。一方で華奢《きゃしゃ》で吹けば飛んでしまいそうな身体でも物に動じない者がいる。

したがって、ただ身体というのではなく、とかく神経質な人は気弱でありがちだと言えよう。これが前に述べた賢いことと気弱なこととが結びつく理由だと思う。

神経が過敏で周囲の事物に感じやすい人は、人の顔色なども早く察知するし、人の言うことの表裏も早く見分ける。このように神経作用が鋭い者は、つまり賢い者は、目先がよく利くために人負けするようなところがあるのだ。

これは一見矛盾しているように思うかもしれない。すなわち、それほど物の見分けがつくなら何事も恐れるに足りぬではないかと思うかもしれないが、そこが知能だけでは事足りない証拠なのである。

いわゆる鋭敏で頭脳が明晰《めいせき》な者は、このことはこうなっているから今度はこうなるだろう、そうなったら自分はどのように対処したらよいだろうかと心配する。そしてその解決ができれば、物が分かるだけ多く臆病になるし、解決ができなければそれだけ多く心配の種が増える。しかしどんなに賢く物事を解決できても、未来に属することは自分の見込みどおりにはいかないから、必ず危険因子が潜んでいるし、心配の種が存在する。

こう言うと、賢い者は必ず気弱でなければならないようであるが、決してそういうものではない。意志さえ堅固なら、賢い賢くないを問わず、困難が迫ってもこれを冒して断行する。

「かくすればかくなるものと知りながら止むに止まれぬ大和魂」（吉田松陰）

自分の行為の結果が大変なことになると知りながら、それでも「やろう」という強い意志が欲しい。この強さがあればいかに賢い者でも臆病にはならない。

しかし意志の力が弱い時は、頭が明晰だと先の先まで見えて心配が増え臆病になる。人間は知力がとても発達していても、その他の力、例えば意志の力がこの知力と均衡がとれていなければ気弱になる。人間の成長期、知力が非常に発達する時期は臆病風が最も強く吹く時であろう。

身体的弱点からくる気弱

生理的原因から気弱になることがある。例えば、睡眠が足りない場合は十分に睡眠を取り、栄養が十分でないなら食べ物を改善するといった改善方法を取らなければならない。

こうした一般的健康状態はひとまずおくとして、僕の経験から言うと、身体が病気であるために引っ込み思案になったり卑屈になったりすることがある。目の悪い人はいつもそれが不快で人前に出るのを嫌うようになり、それが一歩進めば気弱になる。また胃弱の者も絶えず胃が悪いので人と交際するのを煩《わずら》わしく思うようになり、それがやがては恐れとなって気弱になる、といった場合だ。

こういう場合は、その生理的状態が改善されれば、気持ちもさわやかになり、人との交わりも喜びとなって気弱とか怖じ気は除かれる。

僕は少年のころ物に怖じず、大胆かつ不遠慮であった。両親の友人が来ても平気でその前に出てしゃべりたいことをしゃべるので家族にも持て余された。

その僕が二十歳前後になった時、信じられぬほど引っ込み思案になり人前に出るのを嫌がり、他人に顔を見られるのを恐れるようになった。今になってその理由を考えると、身体の具合、特に目が悪かったせいではないかと思う。

その後、七、八年経つとまた元に戻って怖じ気づかなくなったが、それは自分で心掛けたこともあるが、一つには身体の具合がよくなったせいだと思うのである。

弱点の自覚から起きる気弱

世間によく見られることだが、自分の弱点を自覚しているがゆえに怖じ気づくことがある。笑われはしないか、あざけられはしないか、嫌われはしないかといつも気に病んでいるから、そういうことが起こる恐れのある場所には出ていくまいとする。

僕も子ども時代、顔の醜《みにく》いことをよく笑われた。顔がお盆のようだとか、鼻が低いとか、色が黒いとか、目ばかり大きいとか、おでこがなんだとかいつも言われていたため、人前に出るとまた何か言われるのではないかと怖じ気づいた。顔は誰もが見るから、その見られることが怖じ気となるのである。しかし、当時は腕白小僧であったから、容貌のことなどはどうということもなく平気で聞き流して気にしなかった。

ところが年頃になるとこの弱点を強く自覚するようになり、人前に出るのが恥ずかしくなり、特に女性の前に出ると目の悪いことだけでなく自分の容貌を恥じて気弱になったのである。

　こんなことは取るに足りないことであるが、世の中には僕と同じように、容貌や身体の何かの欠点を気に病んで恥ずかしがる者がいるのであえて述べた次第である。

　容貌が醜いからといって整形手術などする必要はない。僕は世の中には全く捨てるものはないと思っている。顔が醜くても相応の天職があるはずである。それに容貌は解剖学的なものではなく、心の作用で少なくともその表情を変えることができる。そして人の顔から受ける印象は、骨格や肉付きよりも表情によるところが多いのだ。

　アメリカの大統領、リンカーンは醜男で有名だった。しかし、親しく彼に接した者は彼の青ざめた顔、大きな口、くぼんだ目を忘れて、その慈愛に満ちた表情に魅了されたという。

　顔の改造はできなくても心の改造はできる。なんで顔のためにいたずらに卑屈になり引っ込み思案になる必要があろう、と思えば心も晴れてくるものだ。

自分の最善を尽くせば無作法も許される

田舎から上京した者は東京風の礼儀作法を知らないから、何か失礼な振る舞いをするのではないかとどぎまぎする。しかし自分に無礼な振る舞いをするつもりがないなら、作法ができていないことを人は許してくれるものである。

本当のことかどうかは分からないが、明治の初め、西郷隆盛はじめ維新の豪傑たちが天皇と一緒の食事の席に招かれた。いずれも田舎侍で西洋料理など見たこともない連中ばかりである。みんな戦々恐々として、中には作法を心得ないから無礼があってはいけないと、ご陪食の栄誉を辞退しようとする者すらいた。

さていよいよその日になり、玉座に近い食卓につくと、緊張のあまり食事に手を出す者も口を開く者もいない。この時西郷が立ち上がり、厚く陪食の御礼を申し述べた後こう付け加えた。

「私どもはみな田舎侍で宮中のご作法を心得ていない者ばかりでございます。ただ一身を陛下のために捧げ奉ることのみを心得、他には何の心得もございません。今この席でご作法に背くようなことがあるかも存じませんが、陛下への至誠に免じてどうぞお許しくださいますよう」

そして席に着くと、スープの皿を両手で捧げグイと飲んだという。

作法を知っているのに奇人をてらい、英雄をまねたとすれば無礼の非難を免れないが、自分が心得ていることの最善を尽くしているなら、行儀作法に多少の欠点があっても人は許すものである。

行儀や作法を知らなくても、人の前に出て決して臆することはない。相手がそんなことを気にしてあれこれ言うようなら、友として付き合う価値のない者だと思う。

後藤新平が少年だったころ、何かの折りに岩倉具視《いわくらともみ》公に召されて菓子のもてなしを受けた。田舎からぽっと出の後藤は臆せず、出された菓子をむしゃむしゃと食べた。彼とすれば食べろと言われたから食べたまでで当然のことをしたにすぎなかった。

しかし後で、ああいう席ではやたらに食べるものではない、と人からたしなめられた。後藤は自分はさぞかし岩倉公の不興を買ったことだろうと思っていたが、翌日、昨日来た青年は菓子が好きだとみえると言って、岩倉公から一箱の菓子が届いたという。

だが、こういう話をしたからといって、豪傑才子を気取ってわざと礼儀作法を破るなら、それは自分と他人を欺《あざむ》くことであり、決してしてはならない。

「正を守って恐れることなかれ」

以上のことに関連して付け加えたいことは、自分の弱点を完璧に隠すことはできないということである。隠そうとするのは自分一人だが、これを見る人は幾千万人である。また、隠そうとする心を示すものは目、口、鼻など頭のてっぺんから足の先まで、一つとして自分の性格を表さないものはない。これらの器官はほとんど裏切り者のように我々の心情を表すものである。そう考えれば、有るものをないと言い、ないものを有るとしても、とうてい永遠に続けられるものではない。遅かれ早かれ、真相は暴露されるものである。このことを知るなら気持ちは大いに澄んでくる。

僕はクローディアス王が自分の肖像画を描く絵描きに言った「わたしを描こうとするならどこからどこまですべてを描け。疣《いぼ》もなにもかも」の考えに従いたいと思う。

このために他人から迷惑をこうむったり、多く笑われたり、多く非難されたりするかもしれない。しかし、いつも心に戸締まりをして隠そうとする重荷がないだけ気持ちは楽だし有益である。つまり心の中がさっぱりとして晴れているなら、何事にあっても怖くも恐ろしくもないと僕は確信する。

だからもし人の前に出る時に怖じ気づいたなら、一呼吸入れて、自分の心にやましい点があるか否かを自問するとよい。臆病な僕にとって最も教訓となったのはシェークスピア翁の Be just and fear not（正を守って恐れることなかれ）という言葉である。

（『自警』第五章より）

第6章

人生の決勝点

僕の言いたいことを要約すれば、勝敗を決める基準を高いところに置けということである。ことに青年時代に、まだ心が俗化しない理想の高い時に、自分で決勝点を決めることだ。そして、これを高いままに置く。

勝っている間に負けた時の準備をする

昔の武士の言葉に「勝つことばかりを知って負けることを知らなければ、害はその身に及ぶ」というのがある。

戦いに挑む者は誰でも勝利を期待することは当然であるが、万一思うようにいかなかった時はこのようにする、とあらかじめ覚悟を決めておかなければならない。連戦連勝は勝負が早くに決する戦争には見られるが、永続する戦役ではいかなる国の歴史、いかなる勇将の伝記にも見られない。孫子も「兵に常勢（定まった形）なきことは、水に常の形なきが如し」と繰り返し教えている。

人生という戦争においては、太く短く世を渡りたいと思っても、望みどおりになるかどうかは分からない。人はいつまで生きるかは予想がつかないし、自分で自分を殺す者以外は誰でも長寿を望んでいる。そしてこの望みのある以上、人生の奮闘もまた連戦連勝を望むことは難しい。

したがって縁起はよくないことだが、人はあらかじめ負ける時の考えを用意しておかなければならない。この考えがあれば勝った時には慎重になるし、負けた時にもみすぼらしい姿にはならない。

分かりやすい例をとれば、商業に従事する者は計画どおりに商売が成功してとんとん拍子に財産を増やし、営業を拡大したりすることもあるが、こうしたことはいつまでも続くものではない。程よいところでやめない限りは、必ず営業が困難に陥る時があることは誰でも知っている。それゆえ商売が繁盛している時、貯蓄するなり、新事業に手を出すのを控えるなり、贅沢な生活をするのを慎めば、不幸にしてうまくいかなくなった時も、そのような謹慎をしなかった者にくらべ失態を演じることは少ない。

これは社会を見渡しても、あるいは友人たちを見回しても言えることである。

勝っている間に負けた時の準備をすることは、商事会社が準備金を積み立てるとか、個人が火災や生命保険をかけるようなもので、僕はこれを精神上の保険と名付けたい。

「負けて勝つ知恵の力の強さ」

勝負を語るにつけて、そもそも勝つとはどういうことかを考えてみたい。

勝負ほど明瞭なものはないから妙な質問だと思う人もいるだろう。

しかし相撲を見ていても、東と西のどっちが勝ったのか不明な場合がある。数万の目で見ていてもはっきりしないし、長年判定を仕事としている行司でさえも判定を下すのが難しいことがある。まして、個人の行為において勝ち負けを決定するのは非常に難しいことである。

また、決勝点は人によって同じではないから、他人が決勝点と認めても自分は決勝点だとは思わないこともしばしばある。

ある目的のために人為的、形式的に定められた決勝点もある。

例えば、相撲は一つの形式で勝ち負けを決めるものである。土俵をつくりこれを基準とするが、これは人為的に定めたものにすぎない。二人の力士が取り組み、一方が一歩、土俵の外に足を踏み出せばそれで勝敗が決まる。しかし負けの基準はところにより異なることがあるだろう。

昔、淮陰《わいいん》（※中国江蘇省）の少年が韓信（※中国秦末から前漢の名将）をばかにして股ぐらをくぐらせたことがあった。街の人たちはみな韓信の臆病を笑い、少年は勝ったと得意になった。しかし今日、勝ったはずの少年の名を知る者は一人もいないが、韓信の名前はよく知られている。

「負けて勝つ知恵の力の強さには誰も感心するぞ韓信」ということだ。

首引きという遊びは向き合った二人が輪にした紐を首にかけて引き合い、引き寄せられた方が負けとする遊びで、前に倒れた方が負けと決まっている。しかし実際には、勝った方が強く引きすぎて後ろに引っ繰り返ることもしばしばある。もし勝敗の基準を変えて単に倒れた方が負けとするなら、この場合、勝った方が負けとなり負けた者が勝ちとなる。

「負けて勝つ心を知れや　首引きの勝ちたる人の倒るるを見よ」という狂歌もある。

じゃんけんの勝負も同じである。

何も知らない外国人に、石と紙とどちらが勝つかと尋ねたなら、石は紙よりも重く強く固いから、石が紙に勝つと言うかもしれない。

こうして見ると、勝つという言葉の定義をするのはなかなか難しいが、一般的考えでは他人にまさる、相手より優れるの意味であろう。

では、ただ人より優れていると満足するために勝つのかと言えば、そればかりではない。むしろ人を服従させることが勝つことの意味であろう。

だから、もし戦わずして人を服従させることができるなら、それで勝利を得たということになる。さらに進めて、では何のために服従させるのかと言えば、それは自分の意志を行うためと答えることができよう。

このように考えていくと、勝つとは自分の意志を遂げることである、と定義できる。

人生の勝利者

世間で得意の絶頂にある人もこの高い基準で測ったら、最も卑《いや》しむべき者となるかもしれない。

イエスは弟子に、

「地上にありて最大たりしものも、
　天国にありては恐らくは最小なるものならん」

と教えているが、天国に行かなくても、この地上においてすら、時代によって人の勝敗を決める基準は違ってくると思われる。

未開社会では腕力の強い者が最強者であり最大勝利者で、人も尊敬し自分も得意になっていた。しかし社会が一定の秩序のもとに治められ、腕力だけで優劣を決めるのをやめて以来、理屈の一番分かる者が社会で勝利を得ることになった。

すなわち、法治国家では、法を破らない範囲で自分の利益を最も図る者が勝利者になった。社会がさらに進歩して礼をもって治められる時代に到達したのなら、礼の最も篤《あつ》い者が最高の勝利者となるだろう。

どんな世になっても様々な形で競争は存在する。商業、学術研究、芸術、社交、どんな世界、地位においてもそれぞれの競争が絶えない。そして競争があれば必ず勝者と敗者があるのだ。

一口に勝者と言っても、一番強い相手に勝った者は一番偉い勝者である。また敵と言われる者の中にもいろいろあって、強い者も弱い者も青鬼も赤鬼もいるから、あらゆる種類の敵に勝つ者が一番偉い勝者である。親兄弟、妻子、友人はもちろん敵とは言えないが、彼らが我々の心に服さない時はその服さない範囲において敵のようなものである。したがって広い意味では親兄弟にも勝たなければならない。

楠正成の歌に、次のようなものがある。

「我にかちみかたに勝ちて敵にかつこれを武将の三勝といふ」

これこそ、僕の言う勝つべき相手の種類である。

「まあ十年待て」。勝敗は長い年月を経て決定する

礼をもって治められる社会はまだまだ到達しそうもない今日、現在の勝利というのは一時の勝利であることを知らなければならない。

なぜかと言えば、世の中の思想は我々の生涯においてすら変わるものであるからだ。ことに我が国では十年を一期として、おそらく七、八年で思想が一変するかと思われるほどに変化が早い。昨日の非は今日の是となり、昨年の是は今年の非となることは、内

闇が変わるごとに起こる事実に照らしても分かるだろう。

また、いわゆる思想に用いられる用語を見ても、五年前には辞書になかったものが今日では毎日の新聞に載っている。今後五年間にどのような新しい思想、新しい用語が現れるか想像がつかないし、一度死んだ思想が新しい熟語となって甦ることもあるだろう。

僕は失望している人を慰める時、あるいは自分自身が落胆していて自らを励ます時、「まあ十年待て」と言うことにしている。

つい先日、しばらく会わなかった友人が訪ねてきてこう言った。

「僕の友人に名声が高まり、世にもてはやされている者がいた。僕が彼にお祝いを言うと彼はこう答えた――『なるほど今は僕を褒める声があちこちで聞かれるが、これはすでにピークに達している。二、三ヶ月経てばそろそろ悪口が始まり、四、五年後には犯罪者のように悪く言われるだろう。そしてその後またかなりの地位に復帰するだろう。このサイクルは十年はかからない、七、八年だろう』。

確かに、今日で五年くらいになるが、彼の言ったような傾向が現れ始めている」

普通の人間でその評価は七、八年で一めぐりするのである。もしそれが大人物であったなら、誤解も七、八年ではとけず、百年、二百年続くかもしれないし、その真価が認められるまでにさらに百年、二百年かかるかもしれない。大人物であればある程、その高さ大きさは簡単に凡人が見分けられるものではない。

昔の人が言ったとおり、人生は棺《ひつぎ》を覆《おお》って初めて定まるものである。したがってその時々の基準で勝敗を決めることは一時的なもので、淮陰の少年が韓信に勝ったと得意になるようなものである。

勝敗も人の真価で測るべきもので、真の力がより以上の真の力に圧迫されて初めて負けたことになるのである。

決勝点は高いところに置け

以上述べた観点から言えば、負けたことを残念がるのは愚かなことである。ことに勝負の基準が一時的、人為的、時勢的なものであればなおさらそうである。

負けたからと言って自分の人格が下がるわけでもなく、真価を傷つけられるものでもない。無知な人間に笑われることがあっても、その人間が無知なのだから気にすることもない。

しかし世の中にはただ勝てばよいと、決勝点がなんであるかを問わずにやみくもに勝つことだけをよしとする者が多い。

例えば、経済競争においては金が決勝点である。この場合には善くても悪くてもとにかく金を儲けさえすれば勝利者と思う風潮がある。

今日、成功者と称する者の中にも、はなはだ怪しげな道を歩んで現在の地位を得た者がいる。少し高い決勝点に照らせば、敗者と称すべき者で世に栄えている者が少なくないのだ。

僕は勝者を妬《ねた》んで皮肉を言うわけではないが、そのような人間が世の中にはいるし、世間もまたそのような人間を重んじている。そしてそうした勝利を得られなかった人間は失敗者に数えられる。失敗者として笑われるのを不本意と思えば、心ならずも決勝点の基準を下げ、俗世間が喜ぶ勝利を得ようとする者が多くなる。

だが、不正の名誉や利益を得て心の内に満足をおぼえるだろうか。世間に向かって大きな顔をしていても、自分を顧みたなら不安であろう。不正不義の手段で得た勝利は自分の本当の心に背いているはずだ。

前にも述べたように、勝つということは自分の意志を遂げるということであるから、不正不義で得た勝利は敗北と称すべきものである。

私心をなくす

金を儲けるにしても儲ける道を清くし、卑怯な方法で儲けるならこれを敗北と見なす。高い地位を得るにしても、他人を踏み台にしたり友人を売ってまで地位を得るならば、これは勝利ではなく敗北と心得るべきである。また名声を得るにしても卑劣な卑しい方法で得たならば、いかにその名が広まったとしても勝利ではなく敗北と思う。自分の同僚や友人が不正な手段を使って富を積み、地位を上げたとしても、また名声を海外にとどろかせたとしても、羨《うらや》むにはあたらないし、彼らと比べて自分は敗北者だと小さくなることもない。

物質的利益を超脱し、名誉、地位、得失に淡々とすることができれば、世間で行われている勝敗は子どもの遊びにすぎなくなる。本当の勝利者は自分に克《か》つ者で、私心をなくすことが必勝の条件である。
この点を心に留めるなら、世間で言う勝敗などに心を動かされることはなくなり、勝っても笑わず負けても泣かず、勝利を誇らず敗北を嘆かず、心はいつも安らかに淡々としていてどんなにか幸せかしれない。

（『自警』第十一章より）

本書は、実業之日本社より一九一一年（明治四十四年）に刊行された『修養』、一九一六年（大正五年）に刊行された『自警』（昭和四年の第十五版から『自警録』と改題）より、「苦難の時をいかに生きるか」という意図に沿って精選。現代仮名遣いを用いた平易な表現にして、見出しや注釈（※）などを加えて、一冊に編んだものです。なお、本書中、今日の関連から見ると不適切な表現が一部にありますが、著者の考え方と執筆当時の時代相を伝えるものとして、底本を尊重いたします。

（編集部）